浪漫佳期

七夕节俗与妇女乞巧

肖东发 主编　石　静 编著

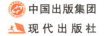
中国出版集团
现代出版社

图书在版编目（CIP）数据

浪漫佳期 / 石静编著. — 北京：现代出版社，
2014.7（2020.01重印）
ISBN 978-7-5143-2437-2

Ⅰ．①浪… Ⅱ．①石… Ⅲ．①节日－风俗习惯－中国
－通俗读物 Ⅳ．①K892.1-49

中国版本图书馆CIP数据核字（2014）第165212号

浪漫佳期：七夕节俗与妇女乞巧

总 策 划：陈 恕
主　　 编：肖东发
作　　 者：石 静
责任编辑：王敬一
出版发行：现代出版社
通信地址：北京市定安门外安华里504号
邮政编码：100011
电　　 话：010-64267325 64245264（传真）
网　　 址：www.1980xd.com
电子邮箱：xiandai@cnpitc.com.cn
印　　 刷：山东省东营市新华印刷厂
开　　 本：710mm×1000mm　1/16
印　　 张：11
版　　 次：2015年4月第1版　2020年1月第3次印刷
书　　 号：ISBN 978-7-5143-2437-2
定　　 价：40.00元

　　党的十八大报告指出："文化是民族的血脉，是人民的精神家园。全面建成小康社会，实现中华民族伟大复兴，必须推动社会主义文化大发展大繁荣，兴起社会主义文化建设新高潮，提高国家文化软实力，发挥文化引领风尚、教育人民、服务社会、推动发展的作用。"

　　我国经过改革开放的历程，推进了民族振兴、国家富强、人民幸福的中国梦，推进了伟大复兴的历史进程。文化是立国之根，实现中国梦也是我国文化实现伟大复兴的过程，并最终体现为文化的发展繁荣。习近平指出，博大精深的中国优秀传统文化是我们在世界文化激荡中站稳脚跟的根基。中华文化源远流长，积淀着中华民族最深层的精神追求，代表着中华民族独特的精神标识，为中华民族生生不息、发展壮大提供了丰厚滋养。我们要认识中华文化的独特创造、价值理念、鲜明特色，增强文化自信和价值自信。

　　如今，我们正处在改革开放攻坚和经济发展的转型时期，面对世界各国形形色色的文化现象，面对各种眼花缭乱的现代传媒，我们要坚持文化自信，古为今用、洋为中用、推陈出新，有鉴别地加以对待，有扬弃地予以继承，传承和升华中华优秀传统文化，发展中国特色社会主义文化，增强国家文化软实力。

　　浩浩历史长河，熊熊文明薪火，中华文化源远流长，滚滚黄河、滔滔长江，是最直接的源头，这两大文化浪涛经过千百年冲刷洗礼和不断交流、融合以及沉淀，最终形成了求同存异、兼收并蓄的辉煌灿烂的中华文明，也是世界上唯一绵延不绝而从没中断的古老文化，并始终充满了生机与活力。

　　中华文化曾是东方文化摇篮，也是推动世界文明不断前行的动力之一。早在500年前，中华文化的四大发明催生了欧洲文艺复兴运动和地理大发现。中国四大发明先后传到西方，对于促进西方工业社会的形成和发展，曾起到了重要作用。

　　中华文化的力量，已经深深熔铸到我们的生命力、创造力和凝聚力中，是我们民族的基因。中华民族的精神，也已深深植根于绵延数千年的优秀文化传统之中，是我们的精神家园。

　　总之，中华文化博大精深，是中国各族人民五千年来创造、传承下来的物质文明和精神文明的总和，其内容包罗万象，浩若星汉，具有很强的文化纵深，蕴含丰富宝藏。我们要实现中华文化伟大复兴，首先要站在传统文化前沿，薪火相传，一脉相承，弘扬和发展五千年来优秀的、光明的、先进的、科学的、文明的和自豪的文化现象，融合古今中外一切文化精华，构建具有中国特色的现代民族文化，向世界和未来展示中华民族的文化力量、文化价值、文化形态与文化风采。

　　为此，在有关专家指导下，我们收集整理了大量古今资料和最新研究成果，特别编撰了本套大型书系。主要包括独具特色的语言文字、浩如烟海的文化典籍、名扬世界的科技工艺、异彩纷呈的文学艺术、充满智慧的中国哲学、完备而深刻的伦理道德、古风古韵的建筑遗存、深具内涵的自然名胜、悠久传承的历史文明，还有各具特色又相互交融的地域文化和民族文化等，充分显示了中华民族的厚重文化底蕴和强大民族凝聚力，具有极强的系统性、广博性和规模性。

　　本套书系的特点是全景展现，纵横捭阖，内容采取讲故事的方式进行叙述，语言通俗，明白晓畅，图文并茂，形象直观，古风古韵，格调高雅，具有很强的可读性、欣赏性、知识性和延伸性，能够让广大读者全面接触和感受中国文化的丰富内涵，增强中华儿女民族自尊心和文化自豪感，并能很好继承和弘扬中国文化，创造未来中国特色的先进民族文化。

肖东发

2014年4月18日

天河夜话——起源演变

别致浪漫——七夕风俗

精彩纷呈——特色习俗

起源演变

农历七月初七，是我国的传统节日七夕节。这是我国农耕社会传承下来的重要节日之一，是我国传统中最具浪漫色彩的一个节日，也是女子最为重视的日子。

在七夕的夜晚，天气温暖，草木飘香，天上繁星闪耀，一道白茫茫的银河横贯天空南北，在银河的东西两岸，各有一颗闪亮的星星，隔河相望，遥遥相对，那就是牵牛星和织女星。

对于这两颗星辰，民间演绎出牛郎与织女的爱情传说，它体现了古人的农耕信仰和蚕桑信仰，寄托了劳动人民的生活理想，负载着中华民族的共同情感，展示了民间文学独具一格的审美情趣。

牛郎和织女在汉水结缘终生

　　相传那是在很久以前，在安康汉江畔住着一个勤劳忠厚、心地善良的小伙子，大家都叫他牛郎。

　　牛郎的父母早亡，他跟着哥哥和嫂嫂过日子。但是，嫂子对牛郎很不喜欢，经常想方设法地刻薄他，不仅让牛郎食用剩下的稀汤薄

嫂嫂让牛郎放牛图

■ 牛郎耕地剪纸

水，并且还三天两头地寻碴刁难牛郎。

牛郎的哥哥看见了，心疼牛郎，但是他却对此事无可奈何，心想牛郎离开了这个家会过得好一点儿，于是就让牛郎搬出去分家另过。

等到分家那天时，牛郎既不要房子也不要地，只要那头与他朝夕相处的老牛。

可是这头老牛实在是太老了，有一天在耕地的时候，不小心跌倒了，摔坏了身子骨儿。但是牛郎却丝毫没有嫌弃它，每天清晨都要出去漫山遍野地收集百花露，给老牛洗伤口，一直洗了七七四十九天。一到晚上，牛郎则依偎在老牛身边睡觉，一直陪伴了老牛整整七七四十九天。

在牛郎的精心照顾下，老牛的伤势开始渐渐好了起来，它对牛郎很是感激，于是就更加努力地帮助牛郎犁田打耙。

就这样，牛郎每天耕田种地，糊口度日。可是，除了那头不会说话的老牛之外，冷清清的家里只有他一个人，日子过得没滋没味的。

有一天，出了一件稀奇事，老牛突然开口对牛郎说话了。老牛说："牛郎，今天你一定要去汉江边一趟，那里有7个仙女洗澡呢！你把那件绿色的仙衣藏起来，绿衣仙女就会成为你的妻子。"

■ 金牛星点化牛郎图

牛郎见老牛口吐人言，又奇怪又高兴，便好奇地问道："牛大哥，你是……"

老牛说了实情，牛郎这才知道，这头老牛原来是天上的金牛星，因犯了天条被玉皇大帝一巴掌打下凡间的。

老牛所说的绿衣仙女，原来是天宫王母娘娘最心爱的孙女，因她有一双巧手，织得美丽云锦，将天空装点得五彩缤纷，大家就称呼她为"织女"。

这织女与牛郎本来就有前世未了的姻缘，金牛星一心要报答牛郎的大恩大德，于是就有意撮合他们。

再说天上的仙女们，她们听说在大地的中心有条居中的河流，名叫汉江。一想到汉水蓝湛湛、清幽幽的，她们都恨不得立马跳进汉江里，痛痛快快地游上一阵子。

玉皇大帝 全称"昊天金阙无上至尊自然妙有弥罗至真玉皇上帝"，又称"昊天通明宫玉皇大帝""玄穹高上玉皇大帝"，居住在玉清宫。道教认为玉皇为众神之王，神权最大。玉皇大帝除统领天、地、人三界神灵之外，还管理宇宙万物的兴隆衰败、吉凶祸福。

机会终于等来了！王母娘娘在一年一度的蟠桃宴上喝醉了酒，不省人事。机会难得！于是，众仙女在彼此的耳边一嘀咕，便悄悄地从王母娘娘身边溜走，飘落到人间一游。

牛郎依照金牛的吩咐，悄悄地躲在大石头后面，等候仙女们来汉江洗澡。

大约等了两个时辰，天上果然飘下来七位仙女。只见她们脱了五彩霓裳，跳进汉江玩耍嬉戏，笑语喧喧，好不欢畅！仙女们游了大约两个时辰后，便纷纷上岸穿衣，准备返回天庭。

就在这个时候，牛郎突然从大石的后面跑出来，拿走了那件绿色的仙衣，跑上了半山坡，最后躲进了一个山洞里。

绿衣织女见有人拿了她的衣服，很是焦急。她赶忙追进山洞，见到一陌生的凡间男子，她禁不住羞红

时辰 我国古时把一天划分为12个时辰，每个时辰相等于现在的两小时。相传古人根据我国十二生肖中的动物的出没时间来命名各个时辰，分别为子、丑、寅、卯、辰、巳、午、未、申、酉、戌、亥。

■ 众仙女洗澡图

■ 盗衣结缘剪纸

王母娘娘　我国神话传说中的女神。原是掌管灾疫和刑罚的大神，后于流传过程中逐渐女性化与温和化，而成为慈祥的女神。相传王母住在昆仑仙岛，王母的瑶池蟠桃园里种有蟠桃，食之可长生不老。亦称为金母、瑶池金母、瑶池圣母、西王母。

了脸，央求牛郎还她仙衣。

无论织女怎么请求，牛郎还是记住了金牛星说的话，不仅不还织女的仙衣，反而苦苦哀求织女嫁给他，做他的妻子。

织女本已厌倦天庭的生活，此时，又见牛郎一副憨厚的模样很是可爱，便有些心动了，于是就轻轻地点了点头。

随后，由金牛星做媒，织女高高兴兴地嫁给了牛郎，从此过着男耕女织的舒心日子。

织女见汉江两岸桑树遍地，便采集桑叶，养蚕缫丝。原先这地方的人并不懂得兴桑养蚕，织女便教大家，还将蚕种送给大家。那蚕种一变为蚕，再变为茧，三变为蛾，一爬二挂三飞，真是神奇，大家称它为"天虫"。

随后，附近十里八村的百姓们得了织女的指教，都学会了养蚕缫丝的技艺。自此后，家家都变得吃穿不愁。这里也因为丝绸业兴旺发达而富甲一方，引起了朝廷的关注。

牛郎自从娶了织女为妻后，小日子过得红红火火，还添人进口，有了一儿一女。

再说王母娘娘酒醉醒来后，人间已是十数年光阴了。王母娘娘迷迷糊糊地睁眼一看，不见了自己心爱的孙女！没有织女织的彩锦装点，突然觉得天空也不美丽了。王母娘娘虽然有些气恼，但她也没派天兵将织女强行捉拿，而是亲自下凡，把织女带回了天庭。

织女被王母娘娘拽着飞上天空，正飞着飞着，忽然后面传来牛郎的呼唤声："织女，等等我！织女，等等我！"

织女回头一看，只见牛郎用一对箩筐，挑着一儿一女，披着一张老牛皮急急忙忙地赶了上来。

原来金牛星早已算准了这事，知道王母娘娘一觉醒来必定会来寻找织女的。于是在返回天庭前，老牛悄悄地告诉牛郎，在它死后，留下它的皮，遇到急难时可以派上用场。

牛郎最为担心的这一天终于来了，他急忙遵照老牛的话，披上老牛的皮去追赶织女。追啊追啊，喊啊喊啊，眼看就要追上了。

就在这时，王母娘娘拔下她头上的金簪，回身一画，霎时间，一道波涛汹涌的天河就出现了。牛郎和织女由此被隔在天河的两岸，一天天，一月月，一年年，苦苦地相望。

王母娘娘也并非铁石心肠，见此情此景，也稍稍被牛郎和织女的坚贞爱情所感动，于是便同意让牛郎和织女每七日相会一次，并令喜鹊王传达懿旨。

懿旨 宋代公文上承唐代体制，种类更趋繁杂。元代公文略有变化，如诏令称圣旨，命令称令旨，指令称懿旨，并增加了一些新的文体，如行移、申状之文。所以对于皇帝的诏令称为圣旨，对于皇太后或皇后的诏令或指令称为懿旨。

■ 担子追妻剪纸

可是，这喜鹊王实在是太老了，有些耳聋，将"每七日相会一次"说成"每年七月初七相会一次"。

王母娘娘甚为恼怒，罚喜鹊王率它的徒子徒孙们搭鹊桥让牛郎和织女相会，名叫"鹊桥渡"。

从那以后，每年的七月七，千万只喜鹊飞来，搭成鹊桥，让牛郎和织女走上鹊桥相会。牛郎和织女从喜鹊头上踩过，踩掉了喜鹊头上的毛，所以一到秋天喜鹊就成了秃头。

鹊桥之上，牛郎和织女见面了，积攒了一年的心里话要赶在这一天诉说。传说，若是人们在葡萄架下静静地听，还可以隐隐听到仙乐奏鸣以及织女和牛郎的窃窃私语，简直说个不停呢！

从此，在秋天的夜晚，人们看见一道与汉江相对的银河横过天空，银河两边有两颗最亮的星星在闪烁，那便是织女星和牵牛星。和牵牛星在一起的还有两颗小星星，那便是牛郎和织女的一儿一女。

牛郎和织女的爱情故事曲折跌宕，但是，有情人终能有每年七夕相会的机会，这也表达了人们期待幸福、圆满生活的强烈愿望。

浪漫佳期

七夕节俗与妇女乞巧

阅读链接

关于牛郎和织女的故事，还有一种说法。说有一个养犬的小伙子看见织女在湖中洗澡，遂藏起了她的衣服，与她成亲并生有一子。

7年后，织女发现了仙衣后，披在身上飞走了，小伙子每天望着星空叹息不止。这时邻居一位老人告诉小伙子，说只要1000双草鞋埋在瓜秧下面，瓜秧可高达上天，人便可攀登上去，小伙子照做了。

当瓜秧长高后，小伙子果然携子带犬爬上了天空，见织女正在织布，他便从秧上摘下一个瓜送给她。谁知，一切开瓜，瓜汁立刻流出变成了一条天河，又将夫妻隔开了，他们每年农历七月初七才能见一面。

牛郎和织女在天河相知相守

关于牛郎和织女的传说，还有这样一种说法。说在很早以前，山里住着一户人家，老人们都去世了，家里剩下了兄弟俩。后来，老大娶了媳妇，可这媳妇心眼不好，老想独霸老人留下的家业。

有一天，老二领着大黑狗去放牛，到了地里，他拍打着牛背说："牛啊，牛啊，我想睡会儿觉，你可千万不要乱跑。"

老黄牛像听懂了人话，低着脑袋"哞哞"地叫了几声，甩着尾巴，在老二身边吃起草来。老二躺在草地上，不知不觉就睡着了。

没想到老二这一睡错过了中午，嫂嫂提着罐子来给小叔子送饭。

牛郎辛勤耕耘

　　她见老二正在睡大觉，心中不由得怒气横生，于是就照老二的身上狠狠地踢了一脚。老二被打醒了，见是嫂嫂，慌忙爬起来站在地上傻呆呆的，不知应该如何是好。

　　嫂嫂看他这样，更生气了，把饭罐子往地上一搁，气呼呼地说："你倒自在，撒着牛睡大觉，牛丢了我才和你算账哩！"说完，嫂嫂一扭身就走了。

　　此时，老二的肚子早就饿了，也顾不得别的，捧起罐子刚要吃，身边的大黄牛一头就把罐子给撞翻了，罐子摔了个稀巴烂。

　　此时，饥饿的大黑狗见了地上的饭，跑过来张口就吃，不一会儿就把地上的饭舔了个一干二净，什么也没有剩下。

　　老二瞅着满地的碎罐碴子，心里害怕极了，想着各种回家遭受嫂嫂怒骂的场景，觉得回家也没有好，就禁不住长叹一声说："唉，怎么我就这样命苦啊！" 话刚说完，只见大黑狗倒在了地上，鼻子、口里流出了血，没多久断气了。这时，老二才明白，饭里有毒药。

老二真是又伤心又害怕，他心想，看来不能再和这个害人精在一起过了，要不早晚得死在她手里。在太阳快落西山时，老二忐忑不安地赶着牛回了家。一进院子，老二扭头见哥哥从外边回来，他心里一酸，两眼便止不住地流下了眼泪。

哥哥见弟弟这样伤心，不知家里出了什么事，忙问道："你为什么这样难过？"

老二哭着说："我不小心把嫂嫂送的饭罐子打了，狗吃了地上的饭就死了。"

哥哥一听，心里就明白了八九，可是，斗又斗不过家里的女人，只觉得非常为难。见哥哥如此情状，老二哭着对他说："哥，咱们分开过吧！"

哥哥见弟弟说要分家，更作难了，一来弟弟还小，二来他外出做买卖，家里没有帮手也不行。要是在一块凑合着过吧，又怕弟弟真的有个三长两短，对不起已逝的父母。

嫂兄弟分家图

老二见哥哥发愁，就说："哥，家里什么物件我也不要，只要那头牛。"

弟兄俩在院子里说分家的话，被狠毒的嫂嫂全部都听见了耳朵里，她打心眼里赞成这件事情。她手扒着门框，冲着丈夫说："往后各过各的好，我做主依了二弟！"一听这话，哥哥眼里禁不住噙满了泪花，一句话也说不出来。

第二天，老二就赶着牛车走了，越走越远。老二心想，老是这么走，走到多时才是个头啊？干脆就住在这儿吧！想到这里，老二把牛车停下，随后砍了好多树枝，就着山坡搭了一个窝棚。窝棚搭好了，就和老黄牛在这儿落了户。

那头牛原是天上的金牛星下凡，跟着老二过了一年多，在一天夜里突然死了。

老黄牛死后，一连给老二托了三个梦，梦里对老二说："到明天午时三刻，我要回天庭去了。我走后，你把我的皮剥下来，等到七月七那天，把它披在身上，保你能上天。王母娘娘有7个闺女，那天她们到天河里去洗澡。记住，那个穿绿衣裳的仙女就是你媳妇。你千万别让她们看见你，等她们到了水里，你抱了绿衣仙女的衣裳就往回跑，她准追你。只要你回了家，她就不走了。"

金牛星辅耕牛

第二天一早，老二见和自己相依为命的老黄牛死了，他伤心得不吃也不喝，手摸着老黄牛一直哭。最后，老二听从老黄牛的叮嘱，就把牛皮剥了，留下牛皮埋了

■ 七仙女沐浴雕塑

牛，在牛坟上跪着大哭一场。

　　转眼，到了七月七这天，老二披上牛皮，立时两脚离了地，飘飘悠悠来到了天河岸上，他悄悄地躲在树林里等着。一会儿，只见7个仙女来了，她们一个个脱了五彩霓裳，扑通扑通地跳到了水里玩耍起来。

　　老二瞅准了那身绿衣裳，过去抓起来就跑。最小的七仙女见有人抱了她的衣裳，从水里出来就追，一直追到了老二的家里。

　　七仙女问老二为什么拿她的衣裳，老二说想让她做自己的媳妇。

　　七仙女认为这件事情天规不容，老二此时急了，一再说人间比天上好，还给七仙女讲了许多发生在人间的趣事，七仙女见老二长得朴实厚道，也对他讲的生活充满了向往，就动了心，就答应嫁给了他。

　　从此，七仙女就留在了人间。她天天在家弹棉花织布，人们就叫她织女，老二天天外出卖布挣钱，小

金牛星 是在冬天夜晚出现于天上南侧的星星。金牛座的符号，象征牛的头部。观望冬夜星空，沿猎户腰带上的三颗星向西北方延伸，有一颗1等亮星，它就是金牛星座中的最亮星，中国名称叫"毕宿五"。毕宿五和它附近六七颗稍暗一些的星组成了一个"V"字形，即金牛座。

两口过起了幸福舒心的日子。

七仙女和老二过了三五年，给他生了一儿一女。一天，老二到地里去干活，天上突然响起了天鼓，原来是玉皇大帝知道七仙女的事情，大为恼怒，派天兵天将把织女抓走了。

等老二回到家一看，只见两个孩子啼哭不止，不知媳妇上哪儿去了，急得他团团转。一问孩子，那大孩子手朝天上指了指，老二才想到织女走了。他急忙担起两个孩子，披上牛皮去追织女。

老二心急，追得快，眼看快追上织女时，却惹恼了王母娘娘。王母娘娘说："好你，老二，莫非你要追到灵霄殿上去吗？"

于是，王母娘娘从头上拔下银簪，在老二和织女中间一画，平静的天河立时波涛汹涌。

■ 天兵天将抓织女塑像

老二没有办法过河，急得直跺脚，筐里的两个孩子直喊娘。织女和老二都哭了，可是哭也没用。老二想给织女留个纪念，拿出牛扣套投向织女，织女接在了手里。织女想了想，身上没什么可送的，于是掏出织布梭照着老二扔来，织女手劲

■ 王母划天河图

小，把织布梭扔歪了。

从古到今，天河一边的织女星怀里还抱着扣套星，另一边的牛郎星旁还有个梭子星。

虽然这只是个传说，但却表达了人们对幸福爱情生活的追求，让世世代代的人们津津乐道，难以忘怀。

阅读链接

老牛的牺牲精神也让七夕节增添了一个习俗，那就是为牛庆生。

这一天，牧童们会采摘美丽芬芳的花朵挂在牛角上，以纪念和怀念这头伟大的老牛。而已到谈婚论嫁年龄的小伙子们，则会在节日里与心仪的姑娘一起把牛带到河边，一人牵着牛头，一人为牛刷洗身体。

当然，为牛庆生并不是农家的专属活动。读书人别出心裁，以牛皮纸做本，并提上应景的诗句，如："牵牛在河西，织女在河东。欢情与离恨，此期万古同。怅望织女星，天河波涛汹。花草挂牛角，感恩许皮用。"

牛郎和织女在茶豆架下定情

关于牛郎和织女定情的故事，在我国的民间还流传着一种说法。

相传在很早以前，南阳城西有个牛家庄，庄里有个聪明、忠厚、勤劳的小孩叫灵儿。因为父母早亡，灵儿只好跟随哥哥过日子，嫂子马氏为人狠毒，常常虐待灵儿，灵儿只有默默地承受着。

有一年秋天，刚收割完田里的庄稼，马氏就逼着灵儿去山上放牛，并对他说："给你这9头牛去放，要等到有了10头牛你才能回来！"

这根本就是一个短时间内没有办法完成的事情，马氏明显地是在赶灵儿走啊！灵儿虽然无可奈何，但也没有别的办法，只好闷闷地赶

牛郎剪纸像

着牛离开了牛家庄。

村里人听说了这件事情，都对马氏的行为感到非常气愤，对灵儿的遭遇也是深表同情。于是人们找到灵儿，有的给他送来了吃的，有的送来了穿的，灵儿感动得热泪盈眶，对这些好心的村民们一一致谢，然后独自一人赶着牛向山里走去。

当灵儿走到那草深林茂的山岭，就停下来歇脚，一歇下来，灵儿就不由得想起了自己的遭遇和嫂子的那句话，就坐在树下伤心地流起眼泪来。他心想，这是要等到何年何月才会有10头牛啊！

正在这个时候，有位须发霜白的花甲老人忽然出现在灵儿的面前。老人拍拍他的肩膀，亲切地问道："孩子，你怎么一个人跑到这个偏僻的地方来放牛？还有，是因为什么事情让你这样伤心呢？"

灵儿听了这话，鼻头一酸，就把嫂子虐待、逼他放牛的事，一五一十地跟老人讲了。老人听了，反而笑着对灵儿说："原来是这么回事啊！孩子，你别难过，在那伏牛山里有头病倒的老牛，你只要好好地喂养它，帮它治伤，等老牛的病完全好后，你就可以赶

■ 大拜华堂

南阳城　即古宛城，是我国著名的古城之一。为周、秦之际兴建，两汉盛极一时，汉代的宛城遗址位于南阳市城区的东北部，现存有城垣遗迹、高台建筑遗迹等，故址面积约4万平方米。在明代、清代曾经重修和兴建，清代时南阳知府顾嘉衡为防备太平军和捻军，对南城墙进行大修。

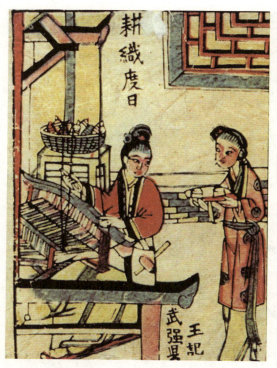

■ 耕织度日

五谷 古代所指的五种谷物。"五谷",古代有多种不同说法,最主要的有两种,一种指稻、黍、稷、麦、菽。另一种指麻、黍、稷、麦、菽。两者区别是前者有稻无麻,后者有麻无稻。古代经济文化中心在黄河流域,稻的主要产地在南方,北方种稻有限,所以"五谷"中最初无稻。

着这头牛回家了。"说完那老人就不见了。

灵儿左顾右盼,找不到老人,感到好像是做梦似的,他使劲掐了自己一把,好疼!原来这一切都是真的,于是,灵儿决定按照老人的吩咐往伏牛山走去。

灵儿走呀走呀,他翻过一道道的山,涉过一条条的涧,终于到了伏牛山,并很快找到了那头病牛,此时它正在一块大平石上卧着,没有任何生机似的。

灵儿立即趴下去,连连向老牛磕了三个响头,并喊了声"牛大伯"。老牛听见声响,睁开自己疲惫不堪的眼睛,瞅了瞅趴在自己面前的灵儿,又将眼睛闭上了。

灵儿看着老牛那没精打采的样子,心里想,老牛可能是饿了,才会这样子的。于是,灵儿就急忙跑出去,在山里面找了一些新鲜的草,并薅了一捆又一捆。灵儿将这些草背到老牛面前,开始慢慢地喂老牛,老牛看到草,吃力地一点一点地嚼着。就这样,灵儿整整喂了三天三夜,老牛终于吃饱了。

这天,老牛抬起头,突然跟他讲起话来:"好孩子,我本来是天上的灰牛大仙,因偷偷地把五谷种子撒在人间而触犯了天规，被玉帝踢下天庭，把腿给摔坏了，动弹不得。你如果能用百花的露水给我擦洗一个月，那么我就会好起来的。"

灵儿听了，就在伏牛山住了下来，饿了就到林子里找些可以充饥的野果，渴了就喝一些山间的泉水，夜里依偎在牛旁，和老牛互相取暖，一到清晨，灵儿就去采百花，用花朵上的露水给老牛洗伤。

很快，整整一个月过去了，老牛的伤也真的好了，等到老牛的伤完完全全好后，老牛就跟着灵儿一道翻山越岭回家了。

灵儿回到家里，嫂嫂很诧异，也很生气，但是见他真的赶了10头牛回来，就动起了心眼，认为灵儿根本就不可能赶10头牛回来，就硬说有一头是灵儿偷的，还把灵儿痛打了一顿，后来还是乡亲们实在看不下去了，都来劝解，马氏才算作罢。

此后，灵儿白天放牛，夜里就睡在老牛的身边，久而久之，庄上的人都称他为"牛郎"。而那只被牛郎救活的老牛和牛郎很是亲近，

牛郎与嫂嫂不和图

每天都形影不离的。

有一次，嫂嫂马氏把毒药放到菜里，想要毒死牛郎。老牛告诉牛郎不要吃。嫂嫂生气，闹着非要跟牛郎分家，哥哥拧不过嫂子，只好也劝着牛郎分家。

牛郎既不要房子也不要田地，只带着那头老牛、一辆破车和一只破烂的箱子就离开了家。

离开家很远后，牛郎走累了，于是就在一棵桑树下搭了个草棚住了下来。

一天，老牛从嘴里吐出个茶豆，并吩咐牛郎将茶豆种在草棚门前。神奇的是，茶豆在第二天就破土而出了，在第三天就长出了绿绿的叶子。牛郎连忙给这个茶豆搭架，没过几天豆子藤就爬满了架子。

老牛说："孩子，你夜里藏在茶豆架下，就可以看到天上的仙女，而且这些仙女也能看到你。谁要是连续七夜都偷偷地看你，那么这个仙女就是盼望做你的妻子，那时我就用车拉着你上天去，同时把她接下凡来，与你结成婚配。"

听了老牛的嘱咐，牛郎一点儿也不怀疑，就在当天夜里钻到了茶豆架下，并好奇地朝天上望去，果真看到有一群仙女在玉池里洗澡。临走时，还有一位仙女向下偷看了牛郎一眼。

第二天夜里，牛郎早早地就来到茶豆架下，很快，牛郎就看到那位仙女独自来到玉池边，大着胆子偷偷打量着牛郎。

第三天夜里，这位仙女开始望着牛郎微微地笑。第四天夜里，仙女便向牛郎点点头。第五天夜里，仙女端出一篮蚕，第六天夜里仙女偷出一架织布机，第七天夜里，仙女拿着织布梭向牛郎招手。

牛郎和织女，一个在天上，一个在地下，眉目传情。牛郎盼着织女下凡，织女盼着牛郎与自己团聚。

在农历七月初七这一天，从天空飞来很多喜鹊，落在老牛头上，"喳喳喳"地叫着："织女差我来，

织布机 织机的俗称。最早的织布机，是席地而坐的踞织机，也叫腰机。这种织机虽简单，但是已经有了上下开启织口、左右引纬、前后打紧等方向的运动，它是现代织布机的始祖。人们在实践中，又创造了脚踏提综的斜织机，生产率有所提高，是当时世界上最先进的织布机。

■ 织女纺纱蜡像

牛郎织女家蜡像

叫您快去聚。快去聚！快去聚！"

　　老牛笑着点点头，吩咐牛郎套上车，坐上去。老牛四蹄腾空，不一会儿就来到了玉池。牛郎下车，和织女把织布机放到车上，织女挎着蚕篮上了车，牛郎也跳上车同织女坐在一起。老牛随后腾云驾雾，一会儿就载着牛郎和织女到了家。

　　不久，乡亲们就获悉牛郎成了家，都纷纷赶来向牛郎贺喜。织女就把她从天上带来的天蚕分给大家，还教大家养蚕、缫丝和织绸缎的方法。

　　没有多久，全村的人都知道牛郎娶了一位贤妻，不仅能养蚕，会抽丝，还能织出又光又亮的绸缎。大家都说织女的织布机是从天上带来的，织出来的绸缎做成衣，冬暖夏凉。

　　这消息传了出去，引来了山南海北的丝绸商人，都争着前来收购南阳绸。这事轰动了白河两岸伏牛山区的千家万户，他们都送自家的姑娘来这里学织布。

　　织女心地善良，乐于教人，不到两年，附近的家家户户都学会了养蚕、抽丝和织绸缎。

到了第三年的七月七，织女一胎生了一男一女龙凤胎，男的叫金哥，女的叫玉妹。每天，牛郎耕田，织女织布，孩子快乐地嬉闹，日子过得很是和睦。

几年后的一天，牛郎正在田里犁地，忽然听到晴空中响了一阵雷，接着，老牛便望着牛郎直流泪，弄得牛郎不知所措，愣愣地盯着老牛，老牛悲伤地对牛郎说："孩子，我当初把织女拉下凡间，触犯了天规，现被天帝发现，看来是活不成了。等我死后，王母娘娘肯定不会放过你们，到那时，你吃了我的肉可以脱俗成仙，用我的皮做成鞋穿能腾云登上天去。"

说完最后一个字，老牛就应声倒下了。牛郎悲伤地哭了一阵之后，就依着老牛的吩咐做了。

七月初七这一天，牛郎正在锄地，忽然金哥和玉

绸缎 绸是一种薄而软的丝织品，缎是一种质地厚密而有光泽的丝织物。我国很早便开始了养蚕、取丝、织绸了。到了商代，丝绸生产已经初具规模，具有较高的工艺水平，有了复杂的织机和织造手艺。

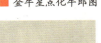

■ 金牛星点化牛郎图

妹两个孩子哭着跑了过来，哭哭啼啼地告诉牛郎说，从天上来了个老婆子，把妈妈从织布机上拉走了。

牛郎听了，知道老牛说的话应验了，就急忙拉着两个孩子赶回了家，穿上用老牛皮做的鞋，一手拉着金哥、一手拉住玉妹，腾空就追。眼看就要追上了，王母娘娘愤怒地拔下头上的金簪，照着脚下一画，一条波涛汹涌的大河出现在了牛郎和两个孩子的面前，牛郎拉着金哥玉妹望着这道无法逾越的天河，急得直哭。

哭声震惊了玉帝，玉帝一看是一对孩子，觉得怪可怜的，于心不忍，于是就决定让他们一家人每逢七月初七相会一次。

此时，凡间的人们突然发现牛郎一家人不见了，都感到十分蹊跷。于是在夜间到茶豆架下朝天上望，他们看见在天空中出现了一条波涛汹涌的大河，河的那边是织女在哭，而河的这边则是牛郎拉着金哥和玉妹，也在哭，见者无不为之动容的。

人们将群星闪烁的天空多出的这条银带叫为天河，不久，人们发现在天河的一边多了一颗星，这颗星就叫织女星，一边多了三颗星，其中一颗叫牛郎星，另外两颗是他们的孩子金哥和玉妹。

人们想念牛郎和织女，每到晚上总是钻到茶豆架下仰望天空。到

牛郎担子追妻塑像

了第二年的七月初七晚上，人们突然看见满天的喜鹊向着天河扑去，互相咬着尾巴，搭成一座鹊桥。牛郎一手拉着金哥，另一手拉着玉妹上了桥。织女也从桥那边过来了，走到鹊桥中间，一家人相会了。

牛郎和织女鹊桥相会的美丽传说，寄托了古代人们对有情人长相守的一种美好向往和愿望，真是既显得凄楚，又不乏浪漫！

■ 王母画河

阅读链接

让人产生无尽遐想的是，每年的七夕几乎都会下雨，仿佛真的是牛郎和织女相会时所流下的眼泪。

在民间，人们会在这一天找出许多坛子，放到院子里接这些雨水，因为传说这些雨水能做药引子。还有一种说法就是用一个深一点的瓦坛或者瓷坛盛接雨水，然后放一个和坛子大小相宜的冬瓜到坛里去，再将坛子口密封，存放于屋里阴凉的地方，等些日子后打开，里面就成了一坛子七月初七冬瓜水了。

相传，七月初七冬瓜水喝了能去火，夏天小孩身上长痱子，也可以用这些冬瓜水混了珍珠末涂抹，效果立竿见影。

源于对自然和时间的崇拜

　　关于牛郎和织女的最早传说源于楚国，到了汉代，伴随着天文学的发展，其传说更为广泛、具体、生动、形象，成为绘画与雕刻的重要素材，同时也成了孕育这些动人传说故事的土壤。

　　汉代是我国天文学发展史上的一个重要时期，而汉代的南阳是全国有名的都市之一，并成为南北文化、科技发展的交汇地，加上多种文化因素的碰撞，由此产生了深厚的文化积淀。

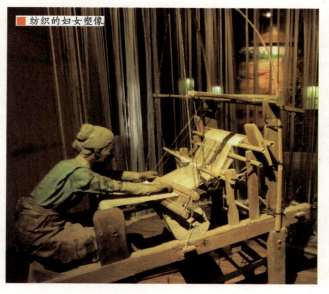

纺织的妇女塑像

　　据文献记载，南阳在周代已有了养蚕业和丝绸业。西汉年间，南阳郡为全国八

■ 牛郎织女鹊桥相
会沙雕

大蚕丝产地之一。东汉时，张衡《南都赋》中记载的
"帝女之桑"就出自南阳，当时名扬天下。

在牛郎和织女的传说中，都离不开织女的纺织技
术。在盘古开天辟地的民间传说中，描述了织女如何
传授养蚕、缫丝、织绸技术，这与很有名望的南阳丝
绸有着渊源的关系。

由七夕节衍生出的"乞巧"风俗活动，主要因为
织女是天帝之女，心灵手巧，便成为历代人间少女们
所崇拜的形象。

在我国各地民间，牛郎和织女的传说流传得相当
广泛，但是其核心内容基本一致。神话传说自产生到
流传过程中形成定型故事，一般与产生地区的地名风
物相关联，这也是神话传说地方化的一种表现形式。

牛郎和织女传说的地方化，不仅仅与传说中的人
物、地点和地方有关，而且所反映出的农耕地区的特

盘古 或称盘古
氏或盘古大帝，
我国神话故事中
的人物，是唯一
的一位可以被称
为"顶天立地"
的神。关于盘古
的传说有很多版
本，但是大多普
遍认同盘古是开
天辟地的人物。
盘古为了人类而
献身，用自己的
身躯创造了世界
万物。

百里奚（约前700—前621年），亦称百里子或百里，百里氏，姓百里，名奚，字子明。春秋时楚国宛人。秦穆公时的贤臣，著名的政治家、思想家。在主持秦国国政期间，辅佐秦穆公倡导文明教化，实行"重施于民"的政策，让人民得到更多好处，并内修国政，外图霸业，使秦国成为春秋五霸之一。

■ 南阳黄牛蜡像

点也是非常明显的。

耕牛是农耕地区不可缺少的劳动力，是从事农耕的主要"生产力"，同时，牛也是牛郎和织女传说中的主要角色。

南阳黄牛是我国五大良种牛之一，享誉海内外，南阳牛的历史悠久，自然就产生了许多"牛"的故事，如伏牛山、嫦娥与黑牛、百里奚养牛，以及牛郎和织女等的故事，其中，牛郎和织女的故事就是其中最精彩的一段。

早在春秋时代，南阳黄牛已进入舍饲、圈饲阶段。生于南阳长于南阳的秦国名相百里奚就善于养牛，在他落魄的时候，于南阳城西麒麟岗牧牛为生。他曾听说周王子颇喜欢牛，就以养牛作为晋见阶梯，被传为佳话。

后来，斗牛成为南阳当时盛行的一种活动。由此，在举世闻名的南阳汉画像石中，出现了大量的牛的形象。如此渊源的"牛"文化，从而产生了南阳城西牛家庄的"牛郎"，也就不足为奇了。

神话的土壤既已具备，那么，美丽的传说也就会随之形成。

但是在我国漫长的岁月印记中，七夕最早的起源到底是什么呢？

最早来源于人们对自然的崇拜。据历史文献记载，至少在三四千年前，随着人们对天文的认识和纺织技术的产生，就有了有关牵牛星和织女星的记载。

根据《太平御览》卷三十一引东晋周处的《风土记》记载：

> 七月初七，其夜洒扫于庭，露施几筵，设酒脯时果，散香粉于筵上，以祈河鼓织女，言此二星神当会。

此处的河鼓和织女，指的就是牵牛星和织女星。牵牛星是视为谷物神，织女则传说是天帝之女桑蚕

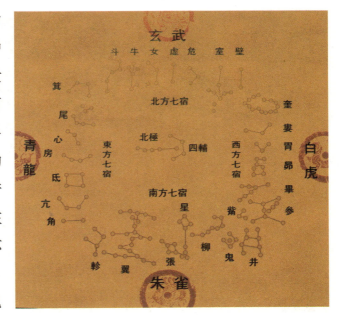

■ 二十八星宿

《太平御览》

宋代的一部著名类书，是北宋李昉、李穆、徐铉等学者奉敕编纂。《太平御览》采以群书类集之，凡分55部550门而编为千卷，所以初名为《太平总类》。书成之后，宋太宗日览三卷，一岁而读周，所以又更名为《太平御览》。全书主要以天、地、人、事、物为序，可谓包罗古今万象。

■ 二十八星宿图

二十八宿 古人为观测日、月、五星运行而划分的28个星区，用来说明日、月、五星运行所到的位置。每宿包含若干颗恒星。我国传统文化中的主题之一，广泛应用于古代天文、宗教、文学及星占、星命、风水、择吉等术数中。不同的领域赋予了它不同的内涵，相关内容非常庞杂。

神，谷物神和桑蚕神都是农耕民族的先民极为重视的神祇。

那时的人们认为东西南北各有7颗代表方位的星星，合称二十八宿。至于在七夕拜牵牛和织女二星，是因为两星的运行七月显得最为突出。

对于星星的崇拜远不止是牵牛星和织女星，北斗七星的第一颗星叫魁星，又称魁首。后来，有了科举制度，中状元叫大魁天下士，读书人把七夕叫魁星节，又称晒书节，保持了七夕最早来源于星宿崇拜的痕迹。

七夕除了来源于人们对自然的崇拜之外，也来源于古代人们对时间的崇拜。"七"与"期"同音，"月"和"日"均是"七"，给人以很强的时间感。

据《太平御览》记载："七月黍熟，七日为阳数，故以糜为珍。""七月七日为良日"，所以把它作为庆贺秋收的吉庆日子，人们也习惯上把农历正月初一、三月初三、五月初五、七月初七、九月初九，再加上预示成双的二月初二和初三的倍数六月初六这"七重"列为吉庆的日子。

我国古代把日、月与水、火、木、金、土五大行星合在一起叫"七曜"。在民间，七数表现在时间上的阶段性，即在计算时间时往往以"七七"为终局。

旧北京在给亡人做道场时，以做满"七七"为完满，因此，在七夕风俗里，有乞巧乞福乞情等风俗，都是源于七月初七是良日，以此祈求丰收美满之意。

王勃的《七夕赋》说"伫灵匹于星期，眷神姿于月夕"，就把星期与月夕相提并论，点出一年四季中与亲情、爱情相关的最美好、最动人的两个夜晚。因此，后人便把男女成婚的吉日良辰叫做"星期"。

在我国的台湾，七月被称为"喜中带吉"月。因

王勃 （649—675），唐代诗人，字子安，绛州龙门人。王勃与杨炯、卢照邻、骆宾王齐名，世称"初唐四杰"，其中王勃是"初唐四杰"之首。他的文学主张崇尚实用，创作"壮而不虚，刚而能润，雕而不碎，按而弥坚"的诗文，其诗今存80多首，赋和序、颂等文，今存90多篇。

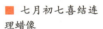
■ 七月初七喜结连理蜡像

为喜字在草书中的形状好似连写的"七十七",所以把七十七岁又称为"喜寿"。

此外,因"七"又与"吉"谐音,"七七"又有双吉之意,是个吉利的日子。

在算盘上,"七"又是每列的珠数。"七",浪漫而又严谨,给人以神秘的美感。而"七"与"妻"同音,于是七夕在很大程度上成了与女人相关的节日。

七夕源于人们对自然、星辰、时间、数字等的崇拜,而在后世不断发展演变的过程中,关于男女爱情的内容也逐渐融到了其中,体现出人们追求幸福和美好情感的愿望。当然,七夕节能够成为我国千古流传的节日,有其历史的必然性。

自秦汉以来,我国长期处于以农业为主导的自给自足的自然经济之中。在这种经济状况下,纺织成为广大妇女的必修课,她们渴望在经济生产中发挥自己的聪明才智。这就为"乞巧"习俗的萌生和盛行,提供了广泛的群众基础和物质基础。

古代纺织图

传说中的织女是王母娘娘的孙女，她心灵手巧，尤其善织，能用一双灵巧的手织出五彩缤纷的云朵。想获得灵巧的姑娘们，自然而然就把织女当成自己崇敬的榜样，向她乞巧。

■ 织女织布剪纸

此外，人们津津乐道的牛郎和织女的传说所表现出的真挚爱情，特别是男耕女织、幸福美满的家庭生活，充分反映了广大民众，特别是妇女对美好生活的期望和追求。这也是作为一种心理因素，促成了节日与传说的完美结合，世代传承，并获得不断丰富和完善。

阅读链接

自然崇拜，就是对自然神的崇拜，它包括了天体、自然力和自然物三个方面，如日月星辰，山川石木，鸟兽鱼虫，风雨雷电等，这是人类依赖于自然的一种表现。

在原始社会，自然现象的变化，尤其是那些能够直接影响人类生存的自然变化，被看成了有人性的、有意志的实体，从而激起人类对自然的崇拜。

自然崇拜与人的社会存在有着密切关系，人类原始部落群体因其生活环境不同而具有不同的自然崇拜对象及活动形式，一般都崇拜对本部落及其生存地区的社会生产与生活影响最大或危害最大的自然物和自然力，并且具有近山者拜山、靠水者敬水等地域及气候特色，反映出人们祈求风调雨顺、人畜平安、丰产富足的实际需要。这样，就自然而言地衍生出了人们在七夕时对于星宿的崇拜。

上古观象授时知识的反映

牛郎和织女，在古代文献中，最初是作为两颗星星的名字而出现的。这两颗星名最早见于《诗经·小雅》中的《大东》篇，诗中将牛郎称为牵牛。

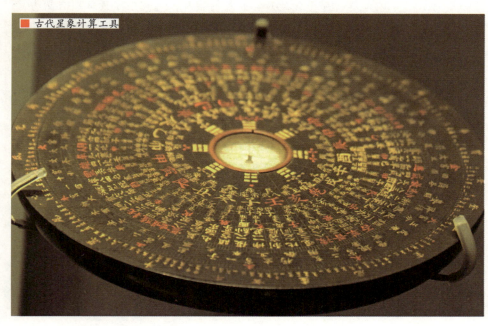

古代星象计算工具

古人之所以关注天上的星星，是因为星星在夜空中位置的变化可用来标农时、记时令，而牵牛、织女两星则是作为秋天到来的标志受到古人瞩目。

这一点，在《经余必读》这部上古农事历中就说得很明白，它说道：

古代纺织图

　　七月，……初昏，织女正东向。

一句"织女正东向"，就蕴含了牛郎和织女会天河这一故事的全部秘密。

织女星为全天第五大亮星，在北方高纬度夜空则是最亮的一颗星星，而且由于织女星纬度较高，一年中大多数的月份都看得见。因此，高悬天顶、璀璨夺目的织女星非常引人注目，古人很早就根据它的方位变化观象授时了。

根据天文学者的推算，《经余必读》时代农历七月的黄昏，织女星升到了一年当中的最高点，即到了夜空最靠近天顶的地方，也就是说，在这个时候，这颗皎洁耀眼的明星，便端端正正地高悬在人们的头顶上了。

"织女正东向"的意思是指由织女星的东边两颗较暗的星星形成的开口朝东敞开。那么，东方是什么呢？古时候的人们只要抬头看去，就会一目了然了。黄昏的夜空，在织女的东南方，在灿烂银河的东岸，不是别的，就是那颗让织女朝思暮想的牵牛星。

■ 明代洒线绣鹊桥相会图

七月黄昏，夜空中这种银河直贯南北、织女高悬天顶、牛女相映成辉的景观给古人留下深深的印象。《古诗十九首》中的"迢迢牵牛星，皎皎河汉女。……盈盈一水间，脉脉不得语"的意象就是这种独特天象的形象写照，而七夕之夜牛郎和织女会天河的故事，自然就是从这种天象演绎而来。

也就是说，追本溯源，牛郎和织女的故事原本与人间男女的爱恨情仇无关，而只是上古天文学观象授时知识的反映。

织女、牵牛两颗星星的得名，也是源于其观象授时的功能。如上所述，织女是七月之星。

七月暑气渐退，天气乍凉，在男耕女织的古代，这个时候该是女人纺线织布、准备寒衣的时候了。《诗经·豳风·七月》说："七月流火，九月授衣。"就道出了此意。

"九月授衣"，意思是九月已是万物萧杀的晚秋，该是穿寒衣的时候了。九月授衣，则必须八月裁制，那么，七月，就该是织女们飞梭织布的时候了。

这首以"七月流火"起兴开头的西周农事歌谣，很有可能就是当时的织女们在七月的夜晚，一边摇动

意象 是指客观物象经过创作主体独特的情感活动而创造出来的一种艺术形象。简单地说，意象就是寓"意"之"象"，也就是用来寄托主观情思的客观物象。是主观的"意"和客观的"象"的结合，是赋有某种特殊含义和文学意味的具体形象。

纺车织布，一边反复吟唱的歌。

　　天上，织女星光璀璨，地上，纺织娘浅唱低吟，人间天上，相映成辉，那颗照耀着人间纺织娘劳作的明星，因此就被赋予了织女的名称，成了人间织女的守护神。

　　七月开始纺织，因此就形成了七夕乞巧的风俗。古代每到七夕之夜，妇女们拜牛郎和织女，并结彩缕、穿七孔针、查看蜘蛛结网，据说这样可以使自己变得心灵手巧。

　　这种风俗早在晋代的《西京杂记》和南北朝时期的《荆楚岁时记》中就有记载了。正是凭借着这种年复一年的乞巧仪式，牛郎和织女的故事才代代相传，流传人间。

《诗经》是我国汉族文学史上最早的诗歌总集，收入自西周初年至春秋中叶大约500多年的诗歌，共305篇。另外还有6篇有题目无内容，即有目无辞，称为笙诗。《诗经》又称《诗三百》。先秦称为《诗》，或取其整数称之为《诗三百》。西汉时被尊为儒家经典，始称《诗经》，并一直沿用。

■ 清代五彩绣鹊桥仙会菱形米色绸地兜肚

《礼记》我国古代一部重要的典章制度书籍，儒家经典之一。该书编定是西汉礼学家戴德和他的侄子戴圣。戴德选编的85篇本叫《大戴礼记》，在后来的流传过程中若断若续，到唐代只剩下了39篇。戴圣选编的49篇本叫《小戴礼记》，即《礼记》。到唐代被列为"九经"之一，到宋代被列入"十三经"之中，为士者必读之书。

■ 古代星系图

七夕何以必须陈设瓜果？这不过是因为七月之时，正是瓜果成熟的时候，《七月》说："七月食瓜，八月断壶""壶"指葫芦。

正因为七月与瓜果之间的时令关联，汉代纬书《春秋合诚图》记载：

织女，天女也，主瓜果。

可见在古人心目中，织女这颗初秋之星，俨然成了瓜果的象征。

那么，牵牛之得名又跟时令有什么关系呢？《史记·天官书》云："牵牛为牺牲"，意为牵牛象征牺牲，牺牲指牛、羊之类在祭典上宰杀献神的牲畜。

这一说法暗示了牵牛星之得名和牺牲之间的关

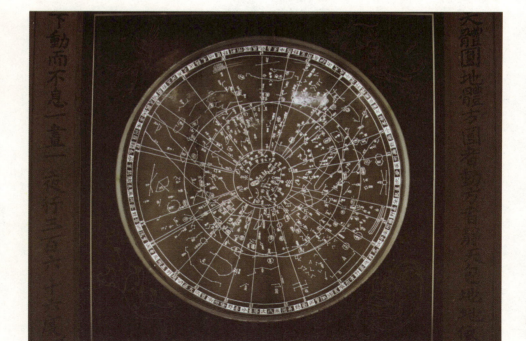

系。牛、羊等用为牺牲的动物，饲养生长有一定的周期，古代针对饲养牺牲动物的每一阶段，都要举行活动。

对此，《礼记·月令》中有明确的记载：春天，万物孳乳，牲畜繁育，故到了暮春三月，需要统计幼畜的数量；六月，夏秋之交，草木丰茂，刍秣收割，故令臣民贡献牧草以为养牲之饲料；八月，仲秋之月，牲畜体格已定，察其长短肥瘦，合规中度的牲畜才能用为牺牲；九月，暮秋之月，牺牲已经长成；到了腊月岁末，就宰牲祀神，祈福纳祥。

《月令》中称八月"循行牺牲"，表明八月是牲畜饲养周期中的一个重要的时间点。此时的黄昏时分，明亮的织女星已经离开头顶向西滑落，而银河东岸与织女遥遥相对的另一颗明星，则紧随其后升上天顶，这颗星因此就被作为牺牲之月的时间标志，并被顺理成章地命名为牵牛。就是说，牵牛星之名牵牛，不过是因为古人以之作为牵牛牺牲之月的时令标志。

可见，七夕故事和民俗的各个环节，都可以由其与岁时的关系得以解释。而民间传说中七夕的雨水自然也与织女的悲伤无关，七夕之所以多雨，不过是因

■ 牛郎织女相会塑像

月令 主要是采用"以时系事"，体现了人们遵循自然节律安排社会生产和社会生活的观念思想，从而反映出古人对自然社会的认识以及人与自然的关系。月令以四时为总纲、十二月为细目，以时记述天文历法、自然物候、物理时空，王者以此来安排生产生活的政令，故名"月令"。

为初秋七月，正是我国大地连绵秋雨开始的时候。

尽管有牛郎和织女之间凄婉动人的爱情故事，但七夕习俗却根本与爱情无关。七夕，作为秋天的第一个节日，拉开了秋天的序幕，而秋天的戏剧永远是令人伤感的悲剧。

因此，七夕与其是一个温馨的节日，不如说是一个哀伤的日子，与其说是一个令有情人皆成眷属的日子，不如说是一个自古多情伤离别的日子。

七夕非爱情的季节，所以在古人的观念中，七夕对于婚嫁来说，并非是一个吉利的日子，而牛郎和织女的爱情，也并没有花好月圆的意味。

浪漫佳期

七夕节俗与妇女乞巧

阅读链接

在山东民间戏曲《天河配》的剧目中，曾提到过牛郎名叫孙守义，住在牛郎官村。姓孙的这个家族，在沂源县牛郎官村世代居住，自然而然和这个传说相吻合。

牛郎官村里的牛郎庙，初建于明万历九年，清嘉兴二十年重修，殿内为牛郎和织女的塑像，旁卧金牛，墙上画着牛郎织女的完整传说。

相传莫州人张道通云游至此，在山洞中修行，一日梦见一女子哭诉，称其是玉帝的女儿，因爱慕凡间的牛郎，故下凡尘，暂无居所，恳请收留。

张道通醒后，去山下村落寻找，果见有牛郎孙守义郁郁寡欢，遂搬出此洞让给织女。

唐朝时，有人路经此地，隐约听到洞中传来札札机杼声，感到十分神奇，遂塑织女像于洞中，沂源八景之一"织女仙洞"由此得名。

七夕节在后世岁月中的演变

农历七月初七这天，在夏商周时代就有人注意到了。古人认为"七月黍熟，七日为阳数"。当时在民间，这一天只有些与农事相关的活动。

《诗经·小雅·大东》这首诗描述说，银河两岸的织女星、牵牛星，尽管有其名，却不会织布，不能拉车。诗中对织女、牵牛两星仅是作为自然星辰形象，引出一种隐喻式的联想，并无任何故事情节。

这时人们对两星的认识，虽然很可能与当时农耕信仰中的谷物

牛郎织女图

鹊桥相会

牛郎织女塑像

神，即牵牛星和帝女之桑女神即织女星有关，但还只是有关日月星辰简单的神话形象，同对爱情的认识和想象尚处在两个完全不同的系统之中，自然它还不能成为传说的前身或胚胎。

这不是说同传说绝无关系。因为，此时的牵牛与织女，已不再是纯粹自然现象的星座而并无其他含义，牛郎和织女星作为一种文化的因素，开始进入文学的大系统之中。正是这种因素，为这个古老而浪漫传说的生成，准备了潜在的文化条件。

牛郎和织女传说中，主要人物牛郎和织女的原型是周人的祖先叔均和秦人的先祖女修。周秦文化的交融造就了这一流传千古、脍炙人口的民间传说。

关于牛郎和织女传说的典籍记载，最早见于《诗经·大雅·大东》中：

跂彼织女，终日七襄，虽则七襄，不成报章。睆彼牵牛，不以服箱。

其二为《诗经·周南·汉广》：

> 南有乔木，不可休思。汉有神女，不可求死。

这些记录只是牛郎和织女传说的雏形，这几句话描述了织女没有织布，牵牛不拉车，显然，此时描绘的织女星和牵牛星，主要还是作为带有农耕文明和家庭手工业文明象征的两个星宿出现，至汉末，牛郎和织女的故事形成基本情节，并奠定了悲剧的基调。

到了秦汉以后，对相隔银河的织女星和牵牛星，人们附会了不少神话传说，产生了许多与之有关的民间故事，给这节日的风俗增添了很多新的内容。

七夕风俗除继承远古的一些习俗外，在汉代以后，还产生了与牛郎、织女相关的文学故事。

叔均 本名姬均，"叔"字放在名字前，或表示尊敬，或表示长幼次序。他是帝喾之孙、台玺之子、周部族的杰出首领，他与父亲一起也被周王尊为先祖。叔均聪明敏慧，有智谋，在民众中有很高的威信。

■ 织布塑像

■ 古画中女子刺绣、晒画图

在西汉时期，织女、牵牛已经被传为两位神人，而且有了塑像，面面相对。汉武帝刘彻命人于京都长安开凿昆明池，并于池的两侧摆放牵牛、织女石像。如班固的《西都赋》记载：

临乎昆明之池，左牵牛而右织女。

牵牛和织女已经从天上来到了人间。原来被远远地隔离在银河两边，但随着时间的推移，爱情因素同牵牛、织女传说的结合日渐明显。

牵牛、织女两星已经具备了人物形象，弄机织布，思念流泪，并且开始被编织为一幕恩爱夫妻因受银河之隔的爱情悲剧。

到了汉代，在司马迁的笔下，织女的家庭出身才

班固（32—92），东汉官吏、史学家、文学家。史学家班彪之子。初兰台令史，迁为郎，典校秘书，潜心20余年，修成《汉书》，当世重之，迁玄武司马，撰《白虎通德论》，善辞赋，有《两都赋》等。

有了一些眉目。在《史记·天官书》中说：

> 织女，天女孙也。

这句话的意思是说织女是天帝的孙女，亦称天孙，是个仙女。

仙女长年织造云锦，自从嫁与河西牛郎后，织造就中断了。天帝大怒，责令她与牛郎分离，只准每年七夕相会一次。而牛郎则未能脱俗，始终是个凡夫俗子。因此七夕相会，也就是仙凡相会。

在《汉书·天文志》中，也有牵牛、织女双星的记载。到了南北朝时，任昉在《述异记》中记载：

> 大河之东，有美女丽人，乃天帝之子，
> 机杼女工，年年劳役，织成云雾绢缣之衣，
> 辛苦殊无欢悦，容貌不暇整理，天帝怜其独

《史记》 由司马迁撰写的我国第一部纪传体通史，是二十五史中的第一部，书中记载了我国从传说中的黄帝至汉武帝后期长达3000年左右的历史。《史记》是我国传记文学的典范。它是历史、文学的统一体，是文学的历史，又是历史的文学。

■ 古代纺织图

■ 织布蜡像

处，嫁与河西牵牛为妻，自此即废织纴之功，贪欢不归。帝怒，责归河东，一年一度相会。

在汉末的《古诗十九首》中，也有这样的描写：

> 迢迢牵牛星，皎皎河汉女。
> 纤纤擢素手，札札弄机杼。
> 终日不成章，泣涕零如雨。
> 河汉清且浅，相去复几许？
> 盈盈一水间，脉脉不得语。

《古诗十九首》

组诗名，是乐府古诗文人化的显著标志。为南朝萧统从传世无名氏《古诗》中选录十九首编入《昭明文选》而成。它是在汉代民歌基础上发展起来的五言诗，多写离愁别恨和彷徨失意，思想消极，情调低沉。其长于抒情，善用事物来烘托，寓情于景，情景交融。

这首诗比起《诗经·小雅·大东》中说得更加凄凄切切，道出了一对有情人，两地相思，饱受隔绝之苦的爱情悲剧。

诗中虽然没有直言牵牛、织女是夫妻，但织女终日思念牵牛，渴望相见，"盈盈一水间，脉脉不得语"的情节则是十分清楚的。

在东汉应劭编撰的《风俗通义》中有一段记载：

织女七夕当渡河，使鹊为桥，相传七日鹊首无故皆髡，因为梁以渡织女也。

这表明，在当时，不仅牵牛、织女为夫妻之说已被普遍认可，而且他们每年以喜鹊为桥、七夕相会的情节，也在民间广为流传，并融入了风俗之中。

在七夕之夜，妇女们不仅争出家门观赏"乌鹊填河成桥而渡织女"的"鹊桥之会"，而且还要祭拜牛郎和织女星，乞愿七巧。

对于这一点，可以从汉代的一些画像砖中体现出来。据吴曾德著的《汉代画像石》一书中记载，在山东历城孝里铺孝堂山的郭氏墓石祠中，有一幅石刻天象图。

图中有牵牛星、织女星遥遥相对，在织女星下有一女子正坐在织机上操作，旁边还有一只飞鸟，就是传说中牛郎、织女以鹊为桥、七夕相会的表现。

此外，在河南省南阳汉画馆中，也有一幅表现牛郎和织女的画像。这幅画像右上角有一牵牛星，星下画一牛，牛前有一人做

《风俗通义》
汉唐人多称为《风俗通》，东汉的泰山太守应劭所著。原书30卷、附录一卷，今仅存10卷。该书考论典礼类《白虎通》，纠正流俗类《论衡》，记录了大量的神话异闻，但作者加上了自己的评议，从而成为研究古代风俗和鬼神崇拜的重要文献。

■《天河配》图

扬鞭牵牛状，左下角有一织女星，里面跪坐着一位头挽高髻的女子。这显然也是对牛郎、织女传说的一种艺术表现。

在三国时期，更有不少诗文反映了这一内容。如曹植的《九咏注》说：

> 牵牛为夫，织女为妇，织女、牵牛之星，各处一旁，七月七日得一会同矣。

由此可见，牵牛、织女已经成为诗人表现爱恋和思念之苦的一种突出和常用的意象。

到了魏晋南北朝时期，牛郎和织女的故事几乎发展完备，南朝梁人宗懔的《荆楚岁时记》：

> 天河之东有织女，天帝之女也。年年织杼劳役，织成云锦天衣。天帝怜其独处，许嫁河西牛郎，嫁后遂废织纴。天帝怒，责令归河东，唯每年七月七日夜渡河一会。

天帝似乎是一个严厉的家长，这大概是汉魏时期家族生活、伦理规范的反映。

■ 乞巧的妇女图

我国文学的特点主要是以诗文见长，早期神话传说的流传也多以诗词为载体，诗人墨客们伤怀吟哦那相思时的期待，相会时的缱绻，相离后的惆怅，而诗文的优点是可以无限浪漫缥缈，却难以有实质性的内容，所以，在很长一段历史时期内，这一传说情节并无太多的进展。

■ 鹊桥相会图

后来话本志怪小说戏剧的兴盛繁荣，才使得牵牛织女的传说真正拉开了讲故事的架势，包括背景、时间、地点、人物、事件的来龙去脉等，眉目清晰，详细完整。

干宝《搜神记》卷一的《董永之妻》便是这个流传甚广的民间故事最早的版本，也是后来《天仙配》的蓝本。董永的孝心感动了上天，天帝派织女下凡与他结为夫妇，助他偿债。

另一篇《毛衣女》则讲了一位下凡的羽衣仙女，与豫章新喻县一名男子结为夫妇的故事。

后来所出现的《天仙配》，可能是把二者加上古老的牵牛织女的传说糅合起来，最后形成了我们耳熟能详的故事。

魏晋南北朝时期的牛郎和织女故事，开始与七夕节俗相互融合，七夕节成为普遍的节日，其活动也日益丰富，南朝梁宗懍《荆楚岁时记》记载：

曹植（192—232年），字子建，沛国谯人。三国时期曹魏著名文学家，建安文学的代表人物。他生前曾为陈王，去世后追谥号为"思"，因此又称陈思王。后人因他文学上的造诣而将他与曹操、曹丕合称为"三曹"，南朝宋文学家谢灵运更有"天下才有一石，曹子建独占八斗"的评价。

宗懔（约501—565年），字元懔，荆州人。南朝梁官员，学者。少年好学，昼夜不倦，善引典故，乡里称之为"童子学士"。宗懔的著作甚多，并流传日本及东南亚各国。最著名的是《荆楚岁时记》，这是我国现今保存最为完整的一部记录岁时节令、风物故事的笔记体散文著作。

七月七日，为牵牛、织女聚会之夜……是夕，人家妇女结彩缕，穿七孔针，或以金、银为针，陈瓜果于庭中以乞巧。有喜子网于瓜上，则以为符应。

这充分反映了民间女子在七夕穿针引线、祭星乞巧的情景。

通过观看蜘蛛结网的情状来占卜自己在针线织作方面的天赋，也是一种女性们在乞巧时经常采用的一种方式。

南朝时的做法是将蜘蛛放在瓜上，让它在瓜上结蛛网，然后根据蛛网的密与疏来推测自己是否得巧，为它所附着的牛郎和织女的传说故事得到广泛传播，

这个时期，七夕原有的禁忌意义在此时已经完全消失，农历七月初七成了欣赏天庭欢聚、乞求人间幸

■ 牛郎织女相会图

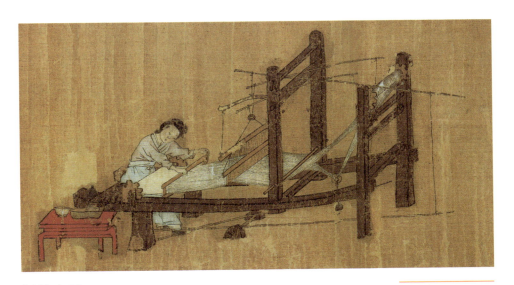

福的吉日。

■ 古人纺织图

因此在这一时期，七夕节不仅继承发展了已有的"乞巧"习俗，还添加了乞求富贵、乞求长寿、乞求生子的习俗。

同时，由于人们对牛郎和织女之间坚贞的爱情的向往和追求，七夕节成为人们的情感依托。而汉代的登楼晒衣习俗到魏晋时演变成为晒书习俗。

《世说新语》记载：

郝隆七月七日见邻人皆晒衣服，隆乃仰，出腹卧，云"晒书"。

另有阮咸先生看见邻里在七夕曝衣，而他家徒四壁却也翻出自己的粗布破裤晾出来。这显示出七夕习俗在民间的影响极大。

这其中，乞巧爱情与求子都与女性的生活及精神密切相关，封建社会对于子嗣的重视也直接决定了女

占卜 "占"意为观察，"卜"是以火灼龟壳，认为就其出现的裂纹形状，可以预测吉凶福祸。它通过研究观察各种征兆所得到的不完全的依据来判断未知事物或预测将来。在许多社会里，占卜仅仅是操作者在将行某事时，由于没有把握而借助某些器具或现象寻求信息或解答，由此满足心理需求的行为。

性的地位，所以求子也是当时女性的重要活动，而对于爱情的祈求则是封建女性难以实现的美好愿望。

七夕食俗也形成于魏晋南北朝，相关最早的记载是在晋周处的《风土记》中，七月初七是个好日子，这天的饮食也不同于以往，北人会吃汤饼。汤饼又称"不托"，是一种经水煮过后的面块等简单的食物。

人们在七夕节吃饼有其文化内涵。饼是圆状，古人认为"圆，阳物也"，阳物有辟邪的功能，吃阳物可以求吉利。而且，圆还暗示在七夕之夜牛郎和织女鹊桥相会，有团圆之意，所以古人也把七夕饼叫做"巧饼"。

与此同时，还涌现出许多描写七夕风俗的诗歌。其中最多的是描写七夕穿针的诗。如梁简文帝萧纲的《七夕穿针诗》：

■ 送子观音塑像

怜从帐里出，想见夜窗开。
针欹疑月暗，缕散恨风来。

刘遵的《七夕穿针诗》：

步月如有意，情来不自禁。
向光抽一缕，举袖弄双针。

穿针乞巧的习俗在这时就已出现了，并且被后世之人不断地延续了下来。

唐代长安盛行各种七夕节俗，在《开元天宝遗事》中，也有"宫中嫔妃各以九孔针、五色线向月穿之，过者为得巧之候，动清商之曲，宴乐达旦，士民之家皆效之"的记载。宫女们长期被幽禁在宫廷中，生活的寂寞，情感的空虚，使她们对七夕穿针之事甚感兴趣。

萧纲（503—551年），字世缵，小字六通，南兰陵中都里人。梁武帝萧衍第三子，侯景之乱中被迫登位，在位两年，被弑。梁元帝萧绎即位后，追谥为简文皇帝。他也是一位文学家，以"宫体"诗而著作，代表作品有《咏内人昼眠》《和徐录事见内人卧》。

唐代崔颢的《七夕》诗，曾形象地描述了唐代长安七夕节女性们穿针乞巧的风俗，诗云：

长安城中月如练，家家此夜持针线。
仙裙玉佩空自知，天上人间不相见。

长安城中家家户户的少女少妇，在七夕节时都要持针线、供瓜果、摆香案，向织女乞巧，其目的也正是为了想要证实自己在针线活计方面的天赋与才能。

唐代时，皇宫中也十分盛行用蜘蛛乞巧的习俗，据《开元天宝遗事》记载，当时每至七夕节，宫女们便要：

各捉蜘蛛闭于小盒中，至晓开视蛛网稀密，以为得巧之候。密者言巧多，稀者言巧少，民间亦效之。

■ 古画中唐代宫廷女子

唐宋时期，七夕食饼又出现了变化，《唐六典》中记载：

七月七日加研饼，并于常食之。

宋代以后，农耕文明进一步发展，从朝廷到民间，牛郎、织女成了祭祀的神灵，祭祀盛行推动了七夕节的发展。七夕节俗活动更加丰富了，除了保存历代流传下来的习俗，还出现了《天河配》《长生殿》等节令戏，七夕节成了可以使民众娱乐放松的节日。

宋代罗烨、金盈之编辑的《醉翁谈录》说：

七夕，潘楼前买卖乞巧物。自七月一日，车马填咽，至七夕前三日，车马不通行，相次壅遏，不复得出，至夜方散。

《唐六典》
全称《大唐六典》，是唐朝一部行政性质的法典，是我国现有的最早的一部行政法典。唐玄宗时官修，旧题为唐玄宗撰、李林甫等注，实为张说、张九龄等人编纂，所载官制源流自唐初至开元止。六典的名字出自周礼，主要指治典、教典、礼典、政典、刑典、事典，也是后世设六部的基础。

055
天河夜话
起源演变

由此，我们能够得知当时七夕节热闹非凡的场景。

七夕节在元代多被称为女儿节，可以看出到这时，七夕节的节俗基本是以女性为主了。

《析津志》中对七夕节这天在市中、朝中、宫中等热闹庆祝节日的场景做了详细的记载。牛郎和织女的传说已经很普遍了，南宋罗愿《尔雅翼》卷一三也说：

> 涉秋七日，鹊首无故皆髡。相传以为是日河鼓与织女会
> 于汉东，役乌鹊为梁以渡，故毛皆脱去。

此时也涌现出很多颂扬牛郎和织女的诗文。例如北宋秦观的《鹊桥仙》：

> 纤云弄巧，飞星传恨，银汉迢迢暗度。
> 金风玉露一相逢，便胜却人间无数。
> 柔情似水，佳期如梦，忍顾鹊桥归路？
> 两情若是久长时，又岂在朝朝暮暮。

便是赞颂七夕的著名诗篇。

明清时期，七夕有吃"结缘豆"的食俗，在《漳州府志》中记载了关于用熟豆相亲来证明有缘，并结缘的习俗。

明代是牛郎和织女传说演变的重要时期。由于特殊的社会、文化背景，牛郎和织女传说在明代进入了文人和民间艺人的视野，被加以重述。

明代产生了以牛郎和织女为题材的小说、戏曲，短篇小说有《鉴湖夜泛记》及依据其改编的《灵光阁织女表诬词》，中篇小说有《新刻全像牛郎和织女传》，杂剧有《渡天河织女会牵牛》，传奇有《相思砚》《鹊桥》。

《鉴湖夜泛记》是明初文学家瞿佑《剪灯新话》中的一篇短篇文言小说，记述元代处士成令言一日忽至天河，遇到织女，织女诉说神界并无牛郎、织女结为夫妇的事。

小说继承了民间牛郎和织女传说中的因素，如织

瞿佑　字宗吉，号存斋。元末明初文学家。其多才多艺，著有《存斋诗集》《闻史管见》《香台集》《咏物诗》《存斋遗稿》《乐府遗音》《归田诗话》《剪灯新话》等。

■ 宋人纺织图卷

■ 牛郎会玉帝图

女具有高贵的身份，但将织女塑造成一个高贵且与牵牛无关的神仙，从根源上否定民间流传的牛郎和织女传说，这是反封建主题的民间传说，在理学思想占统治地位的时代的必然遭遇。

明末白话小说《灵光阁织女表诬词》，内容由《鉴湖夜泛记》增益而成。

从这篇白话小说可以看出，瞿佑的《鉴湖夜泛记》在文人阶层中的影响。他的作品反映了在理学思想禁锢下文人思想的僵化，及其对古代神话、民间传说的曲解。

明清时期，江西七夕节有吃"油饼"，喝"巧水"的习俗。

这一时期，女性们在过七夕节时又开始流行起一种新的乞巧方法，那就是通过观看针在水中的投影来验证自己的针线织作水平高低，这叫作"丢巧针"，

白话小说 发源于唐代的一种文学形式。白话小说的前身是民间故事和所谓的"街谈巷语"，在我国文学发展的历史长河中，小说经历了不断地丰富和拓展，到宋代的话本阶段基本成熟定型，直到明代才迎来了真正的繁荣，成为与抒情文学分庭抗礼的一大文学体系。

又叫做"督巧"。

《帝京景物略》卷二《春场》记载：

> 七月七日许丢巧针，妇女曝盎水日中，顷之，水膜生面，缔针投之则浮。
>
> 则看水底针影，有成云雾、鸟兽影者，有成鞋及剪刀、水茄影者，谓乞得巧。
>
> 其影粗如槌，细如丝，直如轴蜡，此拙征矣。妇或叹，女有泣者。

这种卜巧方法在《帝京岁时纪胜》和一些明清方志中均有类似记载，可见流传已久，覆盖面也很大。

阅读链接

七夕节在我国有许多别称：

一是双七，由于七夕这天的月、日皆为七，故称，同时也称为重七。

二是香日，俗传七夕牛女相会，织女要梳妆打扮、涂脂抹粉，以至满天飘香，故称。

三是星期，牛郎和织女二星所在的方位特别，一年才能一相遇，故称这一日为星期。

四是巧夕，因七夕有乞巧的风俗，故称。

五是女节，七夕节以少女拜仙及乞巧、赛巧等为主要节俗活动，故称女节，亦称女儿节、少女节。

六是兰夜，农历七月古时候称为"兰月"，故七夕又称"兰夜"。

七是小儿节，因为乞巧、乞文等俗多由少女、童子为之，故称之。

八是穿针节，因为这天有穿针的习俗，故称。

演绎形成经典曲目《天河配》

在牛郎和织女故事的基础上，后来，人们编演了曲目《天河配》。旧时，每逢七夕的时候，各个戏班都会争先上演这部经典的曲目《天河配》，成为人们生活中最大的亮点。

■ 天河配图

■ 牛郎织女初见图

据说，《天河配》编演于清代，有一次，戏班在上演这部曲目的时候，精心在剧中设计了摆七巧图、莲池出浴、鹊桥相会等布景。在最后一场，从鹊桥下还飞出成百只鸟雀，一时传为美谈。

《天河配》在故事情节上也发生了相应的改变。剧中说，牛郎只有一头老牛、一张犁，他每天刚亮就下地耕田，回家后还要自己做饭洗衣，日子过得十分辛苦。

谁料有一天，奇迹竟然发生在了牛郎身上！有一天，牛郎干完活回到家，一进家门，细心的牛郎就看见屋子里被打扫得干干净净，自己换下的脏衣服也被洗得清清爽爽，整齐地放在一边，桌子上还摆放着热腾腾、香喷喷的饭菜。

牛郎看到这一切，吃惊得瞪大了眼睛，心想，这是怎么回事？难道是神仙下凡了吗？可是肚子

戏班 旧称戏曲剧团，也叫"戏班子"，是指以表演戏剧为目的组成的团体。元代以前的民间戏班，通常多是家庭性质的，即以血缘关系为纽带而进行组合。最基本的伴奏乐器只是鼓、笛、拍板三类。

■ 王母划天河一年
一会图

男耕女织 是指我国古代社会家庭的一种自然分工方式。封建社会中的小农经济，一家一户经营，男的种田，女的织布。指全家分工劳动。明代赵弼的《青城隐者记》中记载："女织男耕，桑麻满圃。"

咕咕的叫声将他拉回了现实，牛郎一横心，不管三七二十一，先吃饭吧！

此后，一连好几天，每天都是如此，牛郎耐不住性子了，他一定要弄个水落石出。这天，牛郎像往常一样，一大早就出了家门，其实，牛郎没走出几步就悄悄转身回来了，但是牛郎并没有进自己的家门，而是找了个隐蔽的地方躲了起来，偷偷地观察着。

果然，没过多久，就来了一位美若天仙的姑娘，一进门就忙着收拾屋子、做饭，甭提多勤劳了！牛郎实在忍不住了，就站了出来问道："姑娘，请问你为什么要来帮我做家务呢？"

那姑娘闻声吃了一惊，脸刷的一下红起来了，小声地说道："我叫织女，看你日子过得如此辛苦，就来帮帮你。"

牛郎听得心花怒放，赶忙接着说："那你就留下来吧，我们同甘共苦，一起用双手建设幸福的生活！"

织女红着脸点了点头，他们就此结为夫妻，男耕女织，生活得很美满。就这样过了几年，牛郎和织女恩恩爱爱，并生了一男一女两个孩子，一家人过得开心极了。

一天，突然间天空乌云密布，狂风大作，雷电交加，转瞬间织女就不见了，两个孩子找不到妈妈，哭个不停，牛郎也是急得不知如何是好。

正着急时，乌云又突然全散了，天气又变得风和日丽，织女也回到了家中，但是她的脸上却布满了愁云。只见她轻轻地拉住牛郎，又把两个孩子揽入怀中，欲语泪先流，很久很久，织女才哽咽着对牛郎说道："其实我不是凡人，而是王母娘娘的外孙女，现在，天宫来人要把我接回去了，你们自己多多保重！"说罢，眼泪再次控制不住地掉下来，转头腾云而去。

牛郎搂着两个年幼的孩子，欲哭无泪，呆呆地站了半天。不行，我不能让妻子就这样离我而去，我不能让孩子就这样失去母亲，我要

牛郎织女相会图

天宫 根据典籍记载天宫横纵以天罡、地煞之数排列天宫、宝殿主要建筑共计108座左右。其中天宫有遮云宫、毗沙宫、五明宫、兜率宫、妙岩宫、太阳宫、广寒宫、琼花宫、紫霄宫、玉清宫等36座。宝殿有朝会殿、凌虚殿、宝光殿、通明殿、天王殿、披香殿、灵官殿、凌霄殿等72所。

去找她，我一定要把织女找回来！

这时，那头老牛突然开口了："别难过！你把我杀了，然后把我的皮给剥下来，披在身上，再编两个箩筐装着两个孩子，你就可以上天宫去找织女了。"

牛郎说什么也不愿意这样对待这个陪伴了自己数十年的伙伴，但拗不过它，又没有别的办法，只得忍着痛、含着泪照它的话去做了。

到了天宫，王母娘娘不愿认牛郎这个人间的外孙女婿，更不允许织女出来见他，而是找来7个蒙着面、高矮胖瘦一模一样的女子，对牛郎说："你认吧，认对了就让你们见面。"

牛郎一看就傻了眼，可是怀中的两个孩子却欢蹦乱跳地奔向自己的妈妈，原来，母子之间的血亲是什么也无法阻隔的！

■ 《天河配》图

王母娘娘见此情景，没办法了，但她还是不甘心织女再回到人间，于是就下令把织女带走。牛郎急了，牵着两个孩子赶紧追上去。

他们跑着跑着，累了也不肯停歇，跌倒了再爬起来，眼看着就快追上了，王母娘娘情急之下拔出头上的金簪一划，在他们中间划出了一道宽宽的银河。

从此，牛郎和织女只能站在银河的两端，遥遥相望。而到了每年农历的七月初七这天，会有成千上万的喜鹊飞来，在银河上架起一座长长的鹊桥，让牛郎织女一家再次团聚。

《天河配》这个剧本，本来是没有定本的，各个戏班可以根据自身的条件加以发挥创造。有的戏班在戏中有灵霄宝殿的壮丽场面，吵架分家的喜剧风格，织女下凡的繁重唱段，喜鹊搭桥翻扑跟头的技巧。

有的还在欢庆牛郎织女拜堂成亲一场戏中，加入戏中串戏杂耍的表演。在摆七巧灯中，众多仙童执莲花灯依次摆出"天下太平"的字样。

有的还在剧情中加上牛郎的哥哥遭受火灾，到牛郎处借贷求助，嫂嫂悔过认错，牛郎和织女慷慨相助

■ 牛郎和金牛星图

拜堂 也称为"拜天地"，是古代婚礼仪式之一，我国婚礼仪式。又称拜高堂、拜花堂。旧时举行婚礼时，新郎新娘参拜天地后，复拜祖先及男方父母、尊长的仪式。也有将拜天地、拜祖先及父母和夫妻对拜都统称为拜堂。唐代，新婚的夫妇拜见舅姑，俗名拜堂。

《天河配》插图

的情节，非常具有人情味。剧情发展，大喜大悲，曲折动人，是一出非常优秀的神话戏。

《天河配》这个在我国民间流传很广的神话故事，几千年来，一直盛传不衰。因为它集中表达了人们的愿望。任何力量，哪怕是象征天庭最高权威的王母娘娘，企图硬将牛郎与织女隔开也是徒劳的。

人们那样热烈地切望着鹊雀搭成的天桥可以把银河沟通，永远不再有隔河相望的哀愁与怅惘。自然，人为的隔水相望，又怎么能长久呢？

阅读链接

在我国众多的《天河配》中，最被人们广为流传的就是秦腔曲目《天河配》。

这部《天河配》的主要内容是，相传在上古年间，玉帝将自己的女儿织女视为掌上明珠，无论是什么事情都宠着这个女儿，织女在天上生活了好多年，开始对天规戒律产生了厌倦之情，非常想逃离这个束缚。

后来有一天，织女终于按捺不住心中的期许，舍弃天宫富贵荣华，私越天界，来到人间，并与憨厚诚实的放牛郎演绎了一曲坚贞不渝、情意缠绵的爱情故事，被人们传为佳话，千古流传。

七夕风俗

　　牛郎和织女的故事在民间流传了千百年，并衍生出许多民间习俗，令节日显得越发丰富多彩，文化内涵也更加充实和浓厚。

　　七夕最具代表性的风俗就是祈求织女星，希望自己也跟织女一样有着灵巧的双手，把布织得更好。此风俗名为"乞巧"。

　　七夕节也有吃巧食的风俗。巧食的内容有瓜果和各式各样的面点，各地习俗不一。其中多以饺子、面条、油果子、馄饨等为七夕节的食物。也有的地方吃云面，此面得用露水制成，据说吃它能获得巧意。

　　除此之外，七夕还有种生求子、拜七娘妈、晒书、供奉磨喝乐、张挂鹊桥图以及兰夜斗巧等别致浪漫的习俗。

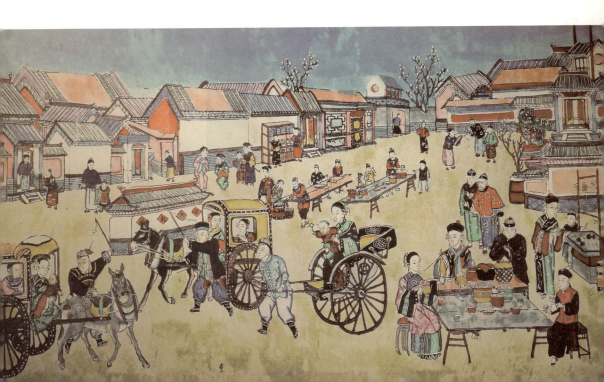

乞巧形式的多变发展和衍化

随着牛郎和织女的神话在人间的传播，这个故事变得深入人心，家喻户晓，而牛郎和织女也广泛受到人们的同情和尊敬。

织女心灵手巧，原本就是一个奇能百巧的女子，当她还在人间的时候，就经常把超群的织锦绣花技术传授给大家。

所以，每年到农历七月初七的时候，我国许多地方的妇女就会在这一天举行别致的活动。少女少妇们趁着织女和牛郎相会团圆和心情愉快的时候，就祭祀她，并向她乞求灵巧，请求织女可以帮助她们提高女红技艺。因此，人们又把农历七月初七称为

纺织蜡像

清代丁观鹏《乞
巧图》局部

"女儿节""姑娘节"或"乞巧节"。

时间久了，祈求织女星就成了七夕节最具代表性的风俗，人们通过祈求，希望自己也能跟织女一样有着灵巧的双手，把布织得更好。

古代人们对"乞巧"这一活动很重视，节前要张灯结彩，搭乞巧楼，陈设瓜果，妇女儿童，皆着新衣。这种乞巧习俗，在汉代已初见端倪。东晋葛洪的《西京杂记》曾记载有：

汉彩女常以七月七日穿七孔针于开襟楼，人俱习之。

这便是我们在古代文献中所见到的最早的关于乞巧的记载。

到魏晋南北朝时，乞巧习俗已极为普遍。那时，

祭祀 华夏礼典的一部分，是儒教礼仪中重要部分，礼有五经，莫重于祭，是以事神致福。祭祀对象分为三类：天神、地祇、人鬼。天神称祀，地祇称祭，宗庙称享。祭祀则记载儒教《周礼》《礼记》与《礼记正义》《大学衍义补》等书解释。清明节、端午节、重阳节是祭祖日。

有一种一端有7个针孔的特制"七巧针"，妇女们用彩线来回穿过它的针孔，谁穿得快就表明谁心灵手巧，也就是乞到"巧"了。

还有一种说法，是说在七夕的晚上，女子们手里拿着丝线，对着月光穿针，看谁先穿过就是"得巧"了。

早先的月下穿针，尚有穿五孔针、七孔针、九孔针的传说，可以说充满了竞技的意味。古人将女人才艺与游戏化的竞赛结合在一起，因此而得巧，可谓实至名归。

■ 小女孩刺绣图

施肩吾 （780—861），字希圣，自号栖真子，洪州人，唐代诗人、道士。历宪宗、穆宗、敬宗、文宗诸朝。习《礼记》，有诗名。趣尚烟霞，慕神仙轻举之学。诗人张籍称他为"烟霞客"。著有《西山集》10卷、《闲居诗》百余首。《全唐文》收有《养生辨疑诀》等。其养生之说亦见于《道枢》。

在施肩吾的《幼女词》中，描述的则是6岁的小女儿过七夕节的情景：

幼女才六岁，未知巧与拙。
向夜在堂前，学人拜新月。

此诗勾画出小女孩儿天真烂漫，妙趣横生，也描绘出普通大众过七夕的情景。过七夕节，乞巧是最重要的一环，林杰就有一首《乞巧》诗：

七夕今宵看碧霄，牵牛织女渡河桥。
家家乞巧望秋月，穿尽红丝几万条。

写出了家家乞巧望月的动人场景。后来，天子唐玄宗也非常重视七夕，七夕节乞巧的活动也在这个时候开始盛行起来。他在宫中建造了一座乞巧楼，楼高百尺，可容纳数十人。又在楼上陈设各色瓜果祭祀牛郎、织女。

宫中的妃嫔们则各以九孔针、五色线，在月下穿针，先穿过者为得巧。同时还有音乐演奏，欢乐达旦，引得大家争相效仿。

此外，唐代诗人王建在他的《宫词》之九二中也曾经写道：

每年宫女穿针夜，敕赐诸亲乞巧楼。

崔颢的《七夕》诗也说：

长安城中月如练，家家此夜持针线。

■ 乞巧手工珠鞋

形象地描述了唐代长安七夕节穿针乞巧的风俗。

旧时，山东各地都以七夕为节，举行多种多样的乞巧活动。单县的农历七月初七之夜，乞巧活动十分热闹。穿着新衣的少女，三五成群地聚在庭院中，摆上香案，陈列各种瓜果和化妆品，一起祭拜七姐姐，边拜边唱：

天皇皇，地皇皇，俺请七姐姐下天堂。不图你的针，不图你的线，光学你的七十二样好手段。

■ 仕女乞巧蜡像

然后，每人从老太太手中接过一根针、七根线，借着香头的微光穿针引线。谁穿上线，谁就算乞得巧了，穿得最快者最巧。

针对七夕乞巧的习俗，五代后唐人杨璞在他的《七夕》一诗中写道：

未会牵牛意若何，须邀织女弄金梭。
年年乞与人间巧，不道人间巧已多。

唐人权德舆《七夕》诗写道：

杨璞 善歌诗，士大夫多传诵。与毕士安尤相善，每乘牛往来郭店，自称东里遗民。尝杖策入嵩山穷绝处，构思为歌诗，凡数年得百余篇。璞既被召，还作《归耕赋》以见志。真宗朝诸陵，道出郑州，遣使以茶帛赐之。

今日云骈渡鹊桥，应非脉脉与迢迢。

家人竟喜开妆镜，月下穿针拜九霄。

穿针乞巧之习，古而有之，且让人乐此不疲。

喜蛛应巧也是较早的一种乞巧方式，其俗稍晚于穿针乞巧，大致起源于南北朝之时。

南朝梁宗懔在《荆楚岁时记》中记载，在七夕的夜晚，妇女们用彩线穿七孔针，并且摆设香案，桌上放置一些瓜果，向织女乞巧。如果夜里有小蜘蛛在瓜果上结网，那就说明得到了织女的青睐，将来能够灵心巧手。

在汉朝，妇女把一种小型蜘蛛，古代称果子，放在一个盒子中，以其织网疏密为巧拙之征。到唐朝时，人们还将蜘蛛放在瓜上。

后来，在《开元天宝遗事》中还记载了一件事，唐玄宗与妃子于是日良宵，在华清宫歌舞会宴。宴后让宫女们各捉一只蜘蛛，放在首饰盒中，看第二天是否结网，以结网疏密、网形周正与否来确定是否

古人乞巧图

■ 乞巧节手工米花

《开元天宝遗事》共2卷，146条，五代时期王仁裕撰。该书根据社会传闻，分别记述唐朝开元、天宝年间的逸闻遗事，内容以记述奇异物品、传说事迹为主。其中记唐代宫中七夕、寒食等节日习俗等有一定的社会史料价值。

得巧。如果蛛网结得周密，就算乞的巧多。

而到了宋元时期，则视水中针影论拙巧，细长则巧，散则拙。由此可见，历代验巧之法不同。南北朝视网之有无、唐视网之稀密、宋视网之圆正，而后世多遵照唐代的这种习俗。

有些地方乞巧节的活动，带有竞赛的性质，类似古代斗巧的风俗。如穿针引线、蒸巧饽饽、烙巧果子等。有些地方有做巧芽汤的习俗，一般在七月初一将谷物浸泡水中发芽，七夕这天，剪芽做汤。一些地方的儿童特别重视吃巧芽，以及用面塑、剪纸、彩绣等形式做成的装饰品等，这就是斗巧风俗的演变。

斗巧起源于汉朝宫廷的游戏。汉高祖的爱妃戚夫人的宫女贾佩兰，在离开宫中嫁给扶风人段儒为妻后，经常跟人们谈起在汉宫七夕的事。

贾佩兰说，汉宫在每年的七月初七，在百子池畔，奏于阗乐之后，就用五色彩缕互相绊结起来，叫作"相怜爱"。随后，宫中的宫娥、才女们，一起到闭襟楼学习穿针乞巧。

唐朝时的乞巧之风十分盛行，流传有许多关于乞巧的故事和传说。

唐肃宗时，有一女娥名叫郑采娘，在七夕夜陈瓜果香案向织女乞七巧。

织女问采娘乞求什么。

采娘答道："乞巧"。

织女便送她一枚寸余长的金针，缀在纸上，并嘱三日不得告人，如此便可得巧，不久还可以变成男子。

两天后，采娘将此事告知母亲，母亲深感奇异，执意要看个究竟。结果金针不见了，只有一张有针迹的空纸。后来，采娘死后托生成了一个男孩儿。

这就是流传甚广的"金针度人"的故事，后人用来比喻传授某种秘法绝技。

乞巧风俗至宋代最盛，上至宫廷，下至庶民，无不争相供迎。宋人钱惟演有《戊申年七夕》诗：

欲闻天语犹嫌远，
更结三层乞巧楼。

汉高祖 （前256—前195），即刘邦，沛郡丰邑中阳里人，谥号"高皇帝"。汉朝开国皇帝，汉民族和汉文化伟大的开拓者之一，我国历史上杰出的政治家，卓越的战略家和指挥家。他对汉族的发展以及我国的统一和强大有突出贡献。

■ 唐代仕女穿针乞巧蜡像

《岁时杂记》中记载，宋代东京汴梁潘楼等处出现了民间乞巧市，并且专卖一些乞巧物，从七月初一起就热闹非凡，王公贵戚多搭建乞巧楼，庶民百姓则用竹木或麻秆编结乞巧棚。这些描述使我们可以想见当时的盛况。

民间的各种乞巧制品也充分体现了劳动人民的聪明才智和朴素的审美情趣。"仙楼"是剪五彩纸为层楼，"仙桥"是剪纸为桥，上有牛郎、织女及仙侍从。"花瓜"是在瓜上刻花纹。"种生"是以绿豆、小麦、小豆等在瓷器内用水泡浸，长出数寸长的绿芽，用红蓝彩条束起。

宋元之际，七夕乞巧节相当地隆重，在京城中还设有专卖乞巧物品的市场，世人称为乞巧市。

古代有文献记载购买乞巧物的盛况，由此可知当时七夕乞巧节的热闹景象。

人们从七月初一就开始置办乞巧物品，乞巧市上车水马龙、人流如潮。到了临近七夕的时日，乞巧市上简直成了人的海洋，车马难

浪漫佳期

七夕节俗与妇女乞巧

唐代仕女乞巧蜡像

■ 七夕热闹场面图

行，观其风情，不亚于最盛大的传统节日春节，这也在侧面说明了乞巧节是古人最为喜欢的节日之一。

此后，人们对牛郎、织女的传说是进一步完善，并有了新的发展。最突出的一点是增加了男孩儿祀牛郎神的习俗。

每逢七夕，便设乞巧市，专卖乞巧物，自七月初一开始，连续数日。到七夕之夜，小儿则置笔墨纸砚于牵牛位前，书写"某乞聪明"。小女孩则将针线箱放于织女位前，俗称"某乞巧"。

北宋诗人梅尧臣诗中写道：

古来传织女，七夕渡明河。

巧意世争乞，神光谁见过。

隔年期已拙，旧俗验方讹。

五色金盘果，蜘蛛浪作窠。

钱惟演（977—1034年），字希圣，钱塘人。北宋大臣，西昆体骨干诗人。吴越忠懿王钱俶第十四子，后归顺于宋，历右神武将军、太仆少卿、命直秘阁，预修《册府元龟》，累迁工部尚书，拜枢密使，官终崇信军节度使，博学能文，所著今存《家王故事》《金坡遗事》。

浪漫佳期

七夕节俗与妇女乞巧

北宋著名画家燕文贵曾画《七夕夜市图》，此长卷正是描绘汴梁城繁华的街道潘楼一带七夕夜市的热闹场面。可惜同大多著名宋画一样，该画作没有流传下来。

如果流传下来，其繁盛程度无疑超过《清明上河图》，因为潘楼七夕夜市位于汴梁中心繁华地带，而《清明上河图》画的是汴梁的城郊一带，不是城市中心，远不能形容宋朝首都的繁盛。

李朴《乞巧》诗写道："处处香筵拂绮罗，为传神女渡天河。"孔仲平《七夕》诗写道："高列瓜华结彩楼，半空灯烛照清秋。"

王禹偁《七夕》诗写道：

归来备乞巧，酒肴间瓜果。

海物杂时味，罗列繁且伙。

家人乐熙熙，儿戏舞娑娑。

■ 古代街市图

从这些诗作的描述中，足以看出北宋时，人们对七夕节的重视与当时的热闹程度。

宋代妇女拜织女乞巧，是因为羡慕织女的本领，但宋代人却不羡慕织女的爱情，所以很少有人对织女乞求爱情。

更多的宋人对牵牛织女每年七月初七这一天夜里才相会一次表达了不满。许多宋人认为，织女的爱情太过于惆怅、哀怨、悲伤、凄凉，对织女的"聚少离多"的爱情充满了不平与同情。

晏幾道《鹧鸪天·七夕》词写道：

■ 李清照画像

当日佳期鹊误传，至今犹作断肠仙。
桥成汉渚星波外，人在鸾歌凤舞前。
欢尽夜，别经年，别多欢少奈何天。
情知此会无长计，咫尺凉蟾亦未圆。

李清照《行香子·七夕》词写道：

星桥鹊驾，经年才见，想离情、别恨难穷。
牵牛织女，莫是离中。
甚霎儿晴，霎儿雨，霎儿风。

李清照

（1084—1155），号易安居士，山东章丘人。我国宋代女词人，婉约词派代表，有"千古第一才女"之称。所作词，前期多写其悠闲生活，后期多悲叹身世，情调感伤。形式上善用白描手法，自辟途径，语言清丽。代表作有《声声慢》《如梦令》等。

宋人更多有关七夕的诗歌，都是认为织女的爱情是哀怨的，"别多欢少""别恨难穷"，是宋人对织女爱情的普遍评价。

有些宋人认为，人间的巧妇赛过天上的织女。陈师道《菩萨蛮·七夕》词写道：

> 绮楼小小穿针女，
> 秋光点点蛛丝雨。
> 今夕是何宵，
> 龙车乌鹊桥。
> 经年谋一笑，
> 岂解令人巧。
> 不用问如何，
> 人间巧更多。

菩萨蛮 唐教坊曲，后用为词牌。亦作"菩萨鬘"，又名"子夜歌""重叠金"等。唐宣宗大中年间，女蛮国派遣使者进贡，她们身上披挂着珠宝，头上戴着金冠，梳着高高的发髻，号称菩萨蛮队，当时教坊就因此制成《菩萨蛮曲》，于是后来"菩萨蛮"成了词牌名。双调44字，前后阕均两仄韵转两平韵。

■ 仕女乞巧图

宋代人认为，人间心灵手巧的妇女比天上多。宋人的七夕节是欢庆快乐的女儿乞巧节，不是纪念哀怨相逢的爱情节。

明清时期，七夕作为最重要的民间节日之一，可谓精彩纷呈。清代七夕的主要活动是家家陈列瓜果等食品并焚香于庭，用以祭祀牛郎、织女二星乞巧。据《清嘉录》记载，百姓用巧果或无花果：

陈香烛于庭，或露台之上，礼拜双星，以乞巧。

《清嘉录》　清代苏州文士顾禄的著作，此书以12月为序，记述苏州及附近地区的节令习俗，大量引证古今地志、诗文、经史，并逐条考订，文笔优美，叙事详实，有保存乡邦文献的作用，是研究明清时代苏州地方史、社会史的重要资料。

投针验巧是七夕穿针乞巧风俗的变体，源于穿针，但又不同于穿针，是明清两代盛行的七夕节习俗。《宛署杂记》记载：

女子七月七日以碗水暴日下，各自投小针浮之水面，徐视水底日影。或散如花，动如云，细如线，粗细如锥，因以卜女之巧。

■ 乞巧节仕女刺绣图

在农历七月初七的上午，女子们将一碗水晒在太阳下，过一会儿，水面便会产生一层薄膜。这时，把平日缝制衣服或绣花的针投入水中，针便会浮在上面。

向水中投针也是验巧的一道小关，因为并不是每次投针都会悬浮的，有时女子需要连投很多次。所以，那些投针一次成功的女子才会得到灵巧的称赞。

然后，就是验巧的关键时刻了，就是"看巧影"。如果看到水底的针影是细直的，或者成云物、花朵、鸟兽的影子

■ 女子纺织乞巧图

的，便是"乞得巧"，表明这个女子是灵巧的。

但是，如果看到水底针的影像是槌子般粗直或弯曲不成形，则表明投针的女子"乞得拙"，这是织女给一石杵，大伤女儿心，使其或叹息，或哭泣。

东北满族的乞巧又是别具民族特点的。当地人不用钢针，而用本地盛产的松针代之，称为"掷花针"，放在水碗中观看针影。从民间到宫廷，都曾有过"掷花针"乞巧的方法。

《直隶志书》记载道：

> 七月初七，妇女乞巧，投针于水，借日影以验工拙，至夜仍乞巧于织女。

也就是说验巧之后，仍需乞巧。

民间普遍的做法是，在月下设一香案，供上水果、鲜花，虔诚地向织女祈愿。

据载，蔡州有位丁姓女子，擅长女红。有一年七夕，她在乞巧时，于朦胧中见到一颗流星划落，掉在了她的香案上。第二天早上一看，原来是只金梭。从此以后，她"巧思益进"。

有些妇女，采集各种鲜花，放在盛有水的铜盆里，露置院中，第二天取来搽面，据说可使皮肤娇嫩白净。有些妇女还捣凤仙花，取出汁，染无名指和小指的指甲，称红指甲。

有些妇女还唱《乞巧歌》：

乞手巧，乞容貌，乞心通，乞颜容，乞我爹娘千百岁，乞我姐妹千万年。

此外，民间还有窃听哭声之说。据说童女在夜深人静之时，悄悄地走到古井旁，或是葡萄架下，屏息静听，隐隐之中如果能听到牛郎、织女对话或是哭泣的声音，此女必能得巧。

当然，这些都只是民间的传说而已，不过却是人们对美好生活的一种向往和追求。

为了乞巧，有些女子会在酱缸台上摆放井华水，即早晨担的第

采花搽面图

刺绣乞巧塑像

七夕节俗与妇女乞巧

一桶井水，在盘子里装上灰抹平，放在那上面，祈求自己有灵巧的针线活的手艺。第二天如果在灰上有什么痕迹，就代表是灵验了。

这种风俗是因为把织女当成在天上管针线活的神，随着在汉代盛行的乞巧风俗而起源的。这种风俗到了唐代，还传播给了周边的民族，并流传了下来，反映了古代妇女的勤劳与智慧和向往美好生活的祈求。

七夕是个有关爱情的浪漫节日，它的习俗也的确促成了许多美满的姻缘。扬州一个卖豆腐的小伙子，就借着投针验巧的吉祥，娶得了如意娇妻。

据说，七夕这一天扬州某个盐商家还因"丢巧针"而结成了一桩姻缘。

那日正值七夕的中午，小伙子前往一盐商家送豆腐，刚进门就看见一群姑娘在玩"丢巧针"的游戏。有一个眉目秀丽的灶婢一次投针成功，并验得了巧影，被同伴们围着称赞和玩闹。

灶婢感到有点不好意思，想制止人们过多的赞美，刚好一位卖豆腐的小伙子出现了。

"不跟你们玩了，有人送豆腐来了。"灶婢说着，趁机突出重围，一只手羞答答地搭在豆腐郎前面的担子上，直奔厨房。

她的这一举动又引来了一阵嬉笑："像不像一对小夫妻啊？"众姑娘起哄。

这时，大小姐也因气氛所染，开起了玩笑："这么急吼吼的做啥？人家牛郎和织女一年一见也没有这么亲近呢！"

东家老爷正巧看到了这一幕的前前后后，心想到这丫环进门已有10多年了，早已过了谈嫁论娶的年纪。他索性做个顺水人情，征得两个人的同意之后，将灶婢嫁给了豆腐郎，据说，两个人之后的日子过得红红火火，恩恩爱爱，好生让人羡慕。

巧娘娘迎巧是七夕乞巧方式中较为隆重的一种，必须在七夕前的一个月，即六月初六开始准备。

姑娘们将许多豌豆浸泡在水碗中，置放于阴凉处，细心周到地照顾，让豌豆苗壮成长。当豌豆幼芽长到两三寸高的时候，就用五彩线拦腰束起来，使幼苗成束地往上生长。当这些幼苗长到七寸高时，一般都要扎三五道彩丝。这束豌豆芽称为"乞巧芽"。

■ 七夕乞巧图

纺织妇女塑像

农历七月初七黄昏，姑娘们共同推举一位心灵手巧、面貌出众的姑娘为代表，折来柔软的柳枝，绑扎成一个人形，以木勺为头，画上脸谱，上衣下裙，艳服盛装，把她供在场心或柳荫下，作为乞巧时的神主。这就是"巧娘娘"。

夜幕降临，姑娘们在巧娘娘前设案供奉，陈列鲜花，水果，面制的刀、尺、剪等，请巧娘娘享用。她们还把自己平时绣的枕巾、鞋垫、针葫芦、针线包也供于案上，请巧娘娘欣赏评判。

然后就是迎巧。先为巧娘娘点香，接着姑娘们个个手捧饭碗，向神灵齐唱乞巧歌，边唱边撞击两碗。碗声配歌声，叮当清脆，优美动听。当香烧尽时，迎巧也告一段落。

接着是赛巧，唱完乞巧歌后，姑娘们纷纷离开座位，个个都微闭双目，不言不语地模拟切菜、擀面、纺线、织布、绣花等动作，你来我往，穿梭似的忙碌起来。

其中的穿针最为有趣，姑娘们环跪在巧娘娘周围，把手伸到巧娘娘的裙内，不用眼看，全凭感觉进行穿针，最后把穿好的针线拿出来，让围观者过目，以显示姑娘们心灵手巧。

然后是占影测巧。当月儿凌空，银辉洒地，夜静人稀时，姑娘们在巧娘娘像前放一盆水，依次把"乞巧芽"掐寸许投入水中，看盆底上的影子。

影子如果像纺车、织布机、花朵则象征姑娘是纺织刺绣能手，如果像菜刀、水瓢、锅碗，则象征姑娘善于烹调，如果影子像凤冠、霞帔，则象征姑娘能出人头地，大富大贵，前途似锦。

最后，姑娘们手挽成"花花轿"，两人相抬，其他人相随，把巧娘娘送往水潭边，意喻着过天河会见牛郎。可以看出，在此风俗中，巧娘娘是织女的化身。

七夕的活动中还有一种叫"看巧云"。据说，这一天天上的云彩会幻化出各种奇特的形状，有的像仙山楼阁，有的像狮熊虎豹，有的像仙童玉女。

少女们仰望观赏，随意指点，驰骋想象，以自己能看到的巧云形状占卜命运。其实，这本是天空自然现象的常景，但在七

纺车 是采用纤维材料如毛、棉、麻、丝等生产线或纱的设备。纺车通常有一个用手或脚驱动的轮子和一个纱锭。最早见于西汉扬雄的《方言》，记有"繀车"和"道轨"。兽锭纺车最早图像见于山东临沂银雀、山西汉帛画和汉画像石。南宋后期出现的水转大纺车，是当时世界上先进的纺织机械。

■ 古代七夕乞巧图

《宋人纺织图卷》

夕这天看来却别有意义。

但是，是否通过乞巧就能够使人变得心灵手巧呢？答案当然是不会。"巧"是乞不来的，俗话说"三天不动手生，三天不念口生""手熟为妙""曲熟韵自来"，这里贯穿着"生熟"两字。世上只有"熟能生巧""一回生，二回熟，三回巧""巧"是从熟中来的。

从七夕节的产生、形成和发展来看，其文化内涵既是对传统的男耕女织生产模式的神化和赞颂，也是劳动人民对男女爱情坚贞信念的祈祷和向往。特别是通过乞巧这种含蓄的表达方式，充分再现了一种特定意义上的精神寄托。

阅读链接

有一首朗朗上口的乞巧歌：

巧娘娘，乞巧来，梧桐树下花儿开。花儿开，树儿摆，我把巧娘迎下来。牵牛郎，写文章，笔墨纸砚都拿上。我给巧娘献西瓜，巧娘教我铰菊花。我给巧娘献梨瓜，巧娘教我铰梅花。我给巧娘献蜜桃，巧娘教我来绣描。我给巧娘献红枣，巧娘教我把衣铰。我给巧娘献辣子，巧娘教我铰袜子。

一碗茶，两碗茶，我跟巧娘洗白牙。一碗水，两碗水，我跟巧娘洗白腿。一碗雪，两碗雪，我跟巧娘洗白脚。一叶瓦，两叶瓦，我跟巧娘打着要。一块砖，两块砖，我把巧娘送上天。

种生求子和拜七娘妈习俗

相传在很久之前，有一位叫做郭毕的书生，寒窗苦读数十载，有一年，他踌躇满志地进京赶考。

在途中，郭毕遇到了一位美丽的姑娘，郭毕被姑娘的清丽万方和机巧伶俐所吸引，姑娘也为郭毕的才高智广、性情儒雅所折服，两人一见钟情。

就这样，过了一段日子之后，离科考的日子一步步逼近，郭毕心想再也不能这样耽搁下去了。

妙舞清歌

长歌

千古

喜结良缘图

白绫 一种布料，就是白色的绫罗。绫是我国传统丝织物的一类。最早的绫表面呈现叠山形斜路，"望之如冰凌之理"而故名。绫有花素之分。传统花绫一般是斜纹组织为地，上面起单层的暗光织物。绫质地轻薄、柔软，主要用于书画装裱，也用于服装。

于是，在临别前，郭毕依依不舍地与姑娘话别，并许她一生，让她等着自己取得功名后回来风光迎娶。

可是，姑娘实在不能忍受这种分离之苦，她对郭毕说，自己并不在乎他是否高官得做骏马得骑，她要的，只是与他时刻厮守，哪怕一生都吃糠咽菜，她也不后悔。

得妻如此，夫复何求？郭毕欣慰之余，却仍然决定去进京赴考，不为对得起自己十年苦读，只为给得起姑娘荣华富贵的生活。

于是，郭毕义无反顾地起程了，就在他起程的这一天，一场大雨从天而降，连绵不绝，但是这也并没有阻止郭毕进京赶考的脚步，因为，若不赶快赶路，就会错过考试的时间。尽管雨水冰凉透骨，郭毕的心却是温暖的，因为里面装着恋人的身影。

■ 送子观音塑像

再说这位姑娘，从此之后就在家里幽幽等待，命运弄人，姑娘没有等到深爱的人微笑归来，却等到了令她心碎的噩耗，那就是郭毕在途中不幸身染重疾，于考场上吐血而逝。

姑娘听到这个噩耗之后哭得撕心裂肺，不欲独活。夜深人静之时，姑娘正想以三尺白绫结束生命，忽见烛光摇曳，隐隐有一端丽仙女立于床前，并对姑娘说姑娘已身怀有孕了。

这个消息令姑娘重新振作起来，同乡人帮她运回了郭毕的骨灰，她将其埋于自己床下，仿佛感到恋人就在自己的身边一样，轻轻拥抱着她，安慰着她。

10个月过去了，姑娘产下一子，相貌与郭毕一般英俊。

姑娘常于床头焚香祭拜，人们好奇，就问她这样做的原因，姑娘就说是在拜

送子天神壁画

送子天神

孙淑 元代诗人傅若金之妻，她的父亲孙周卿，是个作曲家，所以以小令为多，散见于各家曲选中。《玉镜阳秋》评论她的诗时说："淑诗学字，是女郎语，冉弱静好，每一讽咏，想见妆铅点黛时气韵。"

床母，以保佑孩子平安长大。

于是人们纷纷效仿，久而久之，在农历七月初七拜床母的习俗就开始流传了。

拜床母的习俗在一些地方演变成了一种生育信仰，那就是在七夕种生求子的习俗。在七夕前几天，先在小木板上铺一层土，播下粟米的种子，让它生出绿油油的嫩苗。然后再摆一些制作的微型小茅屋、花木在上面，做成田舍人家小村落的模样，称为壳板。

有的人家将绿豆、小豆、小麦等浸于瓷碗中，等它长出一定高度的芽，再以红、蓝丝绳扎成一束，称为种生，又叫五生盆或生花盆。

元代诗人孙淑有诗道：

乞巧楼前雨乍晴，弯弯新月伴双星。

邻家小女都相学，斗取金盆看五生。

南方各地又称为泡巧，将长出的豆芽称为巧芽，甚至以巧芽取代针，抛在水面乞巧。

■ 绘有七夕故事的古代瓷碗

农历七月也正值荷花盛开之际，有人便动脑筋，折下未开的荷花，做成假的双头莲，造型可爱，颇受时人欢迎。这许多应节植物制作成的各色花样，充分显现了一个盛夏节日的活泼朝气。

在北宋汴京城，到了七夕前几天，市面上还会推出各式应节的特殊产品。其中，有用蜡塑造各种形象的，如牛郎、织女故事中的人物或秃鹰、鸳鸯等动物之形，放在水上浮游，称之为水上浮。又有蜡制的婴儿玩偶，让妇女买回家浮于水上，以为宜子之祥，称为化生。

还有种说法是，蜡制的婴儿玩具就是磨喝乐，磨喝乐在早先传入我国时，即是专门供妇女求子的祭品。对于这一说法，宋朝诗人杨万里在诗作中也有描述：

■ 清代牛郎织女纹雕红盘

踉蹡儿孙忽满庭，折荷骑竹臂春莺。
巧楼后夜邀牛女，留钥今朝送化生。
节物催人教老去，壶觞拜赐喜先倾。
醉眠管得银河鹊，天上归来打六更。

这些习俗，充分显示出宋人当时已真正懂得生活

农历 又称夏历、阴历、旧历、汉历、老历，是我国传统历法之一。农历属于一种阴阳历，平均历月等于一个朔望月，但设置闰月以使平均历年为一个回归年，设置二十四节气以反映季节的变化特征，所以又有阳历的成分。

的乐趣，还寄托了人们的美好愿望。

而儿童会在七夕之日采摘野花挂在牛角上，又叫"贺牛生日"。因为传说西王母用天河把牛郎和织女分开后，老牛为了让牛郎能够跨越天河见到织女，就让牛郎把它的皮剥下来，驾着它的牛皮去见织女。人们为了纪念老牛的牺牲精神，便有了"为牛庆生"的习俗。

拜织女是少女、少妇们所要做的事。她们大都是预先和朋友或邻里们约好五六人，多至十来人，联合一起举办拜织女的仪式。

举行的仪式是，先在月光下摆一张桌子，桌子上置茶、酒、水果、五子，即桂圆、红枣、榛子、花生、瓜子祭品。又有鲜花几朵，束红纸插在瓶子里，花前置一个小香炉。

约好参加拜织女的少妇、少女们，斋戒一天，沐浴后，准时都到主办的家里来。在案前焚香礼拜后，大家一起围坐在桌前，一面吃花生、瓜子，一面朝着织女星座，默念自己的心事。

如少女们希望长得漂亮或嫁个如意郎，少妇们则希望早生贵子等，都可以向织女星默祷。玩到半夜，大家才欢欢喜喜地各自散去。

清代丁观鹏《乞巧图》

在七夕之夜，女孩之间还可以在这天结下"姐妹盟"，古时流传有凑齐七位姐妹在月下义结金兰的习俗。据说，在这天夜里结盟的姐妹友谊会地久天长。

当然，有时候由于各种条件的限制，想找七位志同道合的姐妹有些苛刻，但是只要两个人以上即可，主要是借个好日子，增进彼此的友情。

众所周知的织女，在宗教崇拜中，被尊为七星娘娘。而她和其他6位姊妹，即七位仙女会保佑人间未满16岁的小孩，顺利长大成人。

她们是儿童的守护神，民间对护佑孩童的七仙女多以七娘妈尊称。在泉州、台湾及华南沿海地区就有拜七娘妈的习俗。

每年农历七月初七是七娘妈的生时，在这一天的黄昏，家中有小孩的都要在门口祭拜七娘妈，祈求子女平安长大。

首先烧香请下神案上的香炉，再准备供品。软粿供品用糯米搓成，类似汤圆，在中心用手指压一个凹洞。因牛郎和织女一年才相会一次，难免会难过，有情的信众便将象征"一家团圆"的汤圆压个凹

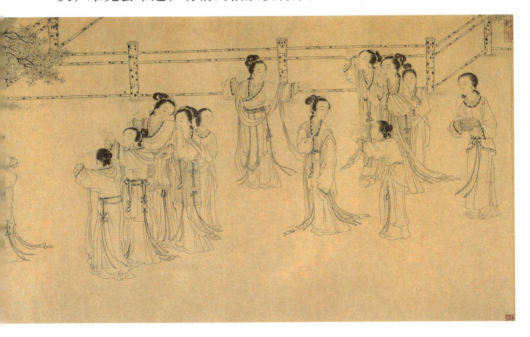

洞来盛装他们的眼泪。鸡酒油饭即糯米饭、胡麻油、酒、鸡合煮而成的饭，还有水果等。

香花供品有圆仔花、鸡冠花、茉莉花、凤仙花等，一为多子，一是浓香，取子多、香火浓的意思。清水一盆，新毛巾一条，意即让七娘妈洗手洗脸，还有凸粉、胭脂、红纱线等。

此外，还需金纸、寿金、刈金、烛等，祭祀的仪式和一般祭祀相同。黄昏时在门前或庭院中祭拜，祭祀结束后，将部分花、粉、红纱线抛上屋顶，供七娘妈化妆使用，一部分则留给自己用，意思是可以变成像七娘妈一样，手巧又美丽。

拜过七娘妈后，还要另外准备一份鸡酒油饭、软粿，在床头拜谢"床母"，烧三炷香，感谢并祈求床母保护幼儿好睡、好喂。

祈求完毕，将香插在缝隙安全处，稍待片刻，手持"床母衣"拜供，床母察纳后，加以焚烧，就完成祭仪。

虽然此习俗具有一定的迷信色彩，但却从一个方面反映了人们希望孩子健康平安的美好心愿。

阅读链接

据说，小孩在白天的时候，是受注生娘娘照顾的，到了夜晚，才是床母担任保护工作。孩童的胎记就是床母为了更好地辨识才作的。

另外，民间还传说小孩在睡觉的时候经常会面带微笑，或者是露出一种奇怪的表情，人们都说这是床母在教导小孩呢，所以遇到这种情况，不要吵醒孩子，以免打扰到孩子的学习。

人们在祭祀床母时，祭品须摆放在床铺的正中央，因为这样孩子才会睡得安稳。祭拜时不用筷子，在上香时祝祷说："日间好精神，夜间好觉睡。"

拜魁星和七月七晒衣晒书

　　每逢七夕节，在女子们纷纷乞巧的时候，男子们也没闲着。俗传七月初七是魁星的生日，魁星事文，想求取功名的读书人特别崇敬魁星，所以一定要在七夕这天祭拜，祈求魁星保佑自己考运亨通。

　　魁星爷就是魁斗星，为北斗七星的第一颗星，称魁星或魁首。古代士子中状元时称"大魁天下士"或"一举夺魁"，都是因为魁星主掌考运的缘故。

　　根据民间传说，魁星爷生

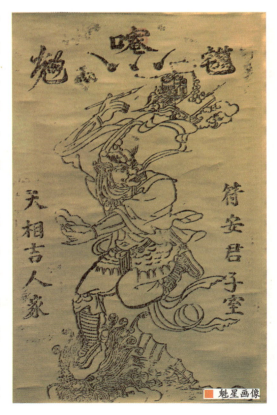

魁星画像

打油诗 一种富于趣味性的俚俗诗体，相传是因唐代的作者张打油而得名的。后世则称这类出语俚俗、诙谐幽默、小巧有趣的诗为"打油诗"。另外，有一些作者作诗自嘲，或出于自谦，也称自己的诗为"打油诗"。

前长相奇丑，脸上长满斑点，又是个跛脚。有人便写了一首打油诗来取笑他：

不扬何用饰铅华，纵使铅华也莫遮。
娶得麻姑成两美，比来蜂室果无差。
须眉以下鸿留爪，口鼻之旁雁踏沙。
莫是檐前贪午睡，风吹额上落梅花。
相君玉趾最离奇，一步高来一步低。
款款行时身欲舞，飘飘度处乎如口。
只缘世路皆倾险，累得芳踪尽侧奇。
莫笑腰肢常半折，临时摇曳亦多姿。

■ 魁星塑像

然而，这位魁星爷虽丑，但却志气奇高，发愤用功，竟然高中了。

在殿试时，皇帝问他为何脸上全是斑点？

魁星爷答道："麻面就是满天星。"

问他的脚为何跛了，他答道："独脚跳龙门。"

皇帝听到这样的回答后，很满意，于是就录取了他。

关于魁星爷，还有一种完全不同的传说，说魁星爷生前虽然满腹学问，可惜每考必

■ 魁星殿试图

败，便悲愤得投河自杀了。岂料竟被鳌鱼救起，升天成了魁星。因为魁星能左右文人的考运，所以每逢七月初七他的生日，读书人都要郑重地祭拜。

对于拜魁星的仪式，在《真州竹枝词引》中有详细的记载：

> 学人设供奎光楼下，曲径疏篱，海棠、蓝菊、鸡冠，秋色杂缀其间，亦有雅人深致。

拜魁星和拜织女一样，都是在月光下进行。在祭拜时，常玩一种"取功名"的游戏助兴，用桂圆、榛子、花生三种干果，分别代表状元、榜眼、探花三甲，其中一个人手拿三种干果各一枚，往桌上投，随它自己滚动，看哪种干果滚到某人面前停下来，那么

殿试 为宋、元、明、清时期科举考试之一。又称之为"御试"、"廷试""廷对"，就是指皇帝亲自出题考试。在会试中选者始得参与，目的是对会试合格区别等第。殿试为科举考试中的最高一段。由武则天创制，但尚未成定制，宋代始为常制。

魁星阁

■ 三山庵魁星阁

那个人就代表那一种鼎甲，一直到大家有功名为止。

一般读书人，在清朝时大多购买青蛙来放生，以拜魁星。因为古代的奎与蛙的古字相通，奎又演变为魁星，所以读书人买青蛙放生来祝贺他的生辰，并且戒食青蛙表尊敬。

然而，这些行为都只不过是文人的一种精神寄托，要想夺魁，还要刻苦研读学问才是。

夏季特有的炎热阳光，又促成了另一项七夕的习俗，即晒书、晒衣的习俗。

"七月七，晒棉衣"的风俗起源于汉代。据说汉朝建章宫附近，有个叫太掖池的地方，池边有汉武帝的晒衣阁，到七月七的时候常见到宫女们在晒衣服。

汉代晒衣的风俗，在魏晋时为豪门富室制造了炫耀财富的机会。名列"竹林七贤"的阮籍就极为瞧不起这种作风。

据说七月七这天，当阮籍的邻居晒衣时，只见架上全是绫罗绸缎，光彩夺目。而阮籍则不慌不忙地用竹竿挑起大布犊鼻裤，即大裤衩曝晒，与绫罗绸缎相抗，予以嘲讽。

有人问阮籍在干什么？

他说："未能免俗，聊复尔耳！"这就是晒衣的著名典故。

唐代著名诗人杜甫曾作诗《牵牛织女》，提到了晒衣风俗：

曝衣遍天下，曳月扬微风。

蛛丝小人态，曲缀瓜果中。

■ 古代女子晾书画图

竹林七贤 魏正始年间，嵇康、阮籍、山涛、向秀、刘伶、王戎及阮咸七人，常在当时的山阳县竹林之下，喝酒、纵歌，肆意酣畅，世谓竹林七贤。也有人认为，西晋末年，比附内典，外书的"格义"风气盛行，东晋初年，乃取天竺"竹林"之名，加于"七贤"之上，成为"竹林七贤"。

司马懿（179—251年），三国时期魏国杰出的政治家、军事家，西晋王朝的奠基人，是辅佐了魏国三代的托孤辅政之重臣，后期成为掌控魏国朝政的权臣。73岁去世，次子司马昭封晋王后，追封司马懿为宣王；司马炎称帝后，追尊司马懿为宣皇帝。

同为唐代诗人的沈佺期在诗作《七夕曝衣篇》，对晒衣风俗的记述颇详：

此夜星繁河正白，人传织女牵牛客。
宫中扰扰曝衣楼，天上娥娥红粉席。
曝衣何许曛半黄，宫中彩女提玉箱。
珠履奔腾上兰砌，金梯宛转出梅梁。

汉代登楼晒衣服的风俗到魏晋时，演变出晒书的习俗，并受到读书人的无上推崇。

据史料记载，曹操请司马懿出山为仕，那时候的司马懿纵览天下形势，见汉朝国运凋零，不愿在曹操手下为官，但又忌讳曹操权势，不敢轻易得罪曹操。

于是，司马懿就假装自己有风痹病，身体行动不便，无法上任而推脱了曹操请他出山为仕的好意。

曹操是位奸雄，生性精明、颇爱猜忌，如何轻易相信司马懿的推托之词？于是，曹操派亲信监视司马懿的一举一动，并下令，如果发现司马懿和他的说法不相符，就立马抓捕他。

但是司马懿也不是那么好对付，他是个政治家，也是个表演家，将病装得简直

■ 司马懿画像

毫无破绽，无懈可击，几乎连每天监视他的曹操亲信都开始深信不疑了。

■ 清代陈枚《月曼清游》之"晒画"

　　眼看着曹操就要召回亲信，不再打算继续监视司马懿了，可是此时恰逢七月初七，司马懿竟不免随俗，在家中晒起了书。

　　当时曹操的亲信早已掉以轻心，并没有留意到在后庭晒书的司马懿。

　　如果天气一直晴朗的话，这件事也就这么过去了。可偏偏事有曲折，大概是牛郎与织女在鹊桥相聚痛哭了吧，天空突然下起了大雨。

　　司马懿听到雨声，立刻从床上跳起，奔到后庭亲自收书。他那敏捷的动作，如何像一个身体行动不便的病人呢，而这一切，尽收曹操亲信的眼底。

　　亲信立马回去将这件事情禀报了曹操，曹操马上下令要司马懿回朝任职，否则即刻收押。没办法，司马懿只好乖乖地遵命回朝了。装病中的司马懿都随俗

曹操（155—220），字孟德，东汉末年著名政治家、军事家、文学家、书法家。三国时期曹魏政权的缔造者，先为东汉大将军、丞相，后为魏王。曹操为统一中国北方做出了重大贡献，同时也在北方屯田，对农业生产恢复起到了很大作用。

西施浣纱图

晒书，可见这一风俗在当时是多么盛行了。

还有一种人，在乱世中以放浪形骸来表达心中的郁闷。他们藐视礼法，反对时俗。如刘义庆的《世说新语》第二十五卷说，七月初七人人都在晒书，只有郝隆跑到太阳底下去躺着。

有人看到他这么做，就问他这样做是在干什么呢？郝隆懒洋洋地回答说："我在晒书。"

这一方面是郝隆蔑视晒书的习俗，另一方面也是夸耀自己腹中的才学。晒肚皮也就是晒书。

妇女七夕洗发，也是七夕一个特别的习俗。在湖南和江浙一带都有这方面的记载。例如在湖南湘潭地区的《攸县志》中记载：

七月七日，妇女采柏叶、桃枝，煎汤沐发。

这项习俗，大约和七夕"圣水"的信仰有关。人们认为，七夕这天取泉水、河水，就如同取银河水一样，具有洁净的神圣力量。有的地方直接叫它"天孙，即织女圣水"。因此女性在这天沐发，也就有了特殊意义，代表用银河里的圣水净发，必可获得织女神的护佑。

一些地区还流行用脸盆接露水的习俗。传说七夕节的露水是牛郎和织女相会时的眼泪，如抹在眼上和手上，可使人眼明手快。

在广州一带还有七夕拜仙的习俗，但是这个习俗已婚的女子是不能参加的，但是新婚后的新娘在过第一个七夕的时候，都要举行一次"辞仙"的仪式。就是在初六晚上祀神时，除了牲醴、红蛋、酸姜等物品以外，还要加上雪梨或沙梨，来表示与姑娘节的离别之意。

《月曼清游》

据《广州市志》卷十七所载，初七，旧俗还有女子泛舟游石门沉香浦的活动。游艇用素馨花、茉莉花装饰，称为花艇。她们信此日为"仙女淋浴日"。

石门浦水质清冽，朝夕日出日落时返照两山，有时会像海市蜃楼一样出现一些景幻。泛舟者都希望能有运气，看到奇迹出现，故姑娘们七夕游石门沉香浦成为一项重要内容，后演变成一个节日的习俗。

阅读链接

晒书节源于晒龙袍。也叫名曰"晒伏"。谚语云："六月六，家家晒红绿"；"六月六，家家晒龙袍"。

为什么将晒衣物称为晒龙袍呢？在扬州有这样一个传说：清朝的乾隆皇帝在扬州的巡行路上遭逢大雨，淋湿了外衣，又不便借百姓的衣服替换，只好等天晴后将外衣晒干，这一天正好是六月六日，故而有晒龙袍之说，扬州也就有了"龙衣庵"这个地名。

供奉磨碣乐和张挂鹊桥图

宋元时期，七夕活动丰富多彩，出现了供奉磨碣乐的习俗。宋代时期的民间，人们崇尚果实、茜鸡和磨碣乐。茜鸡就是以茜草熬鸡，"磨碣乐"，又名磨喉罗，其名来源于音译梵语。

南宋古画中的磨碣乐

磨碣乐原是佛教中的一位神灵，6岁出家，是一位童佛，本是佛经中的神名，通常用土、木、玉等雕塑，以加衣饰的小人形，元代时人们称之为"巧神"，并加以供奉。

宋代人以此制成一种婴儿幼童形象的土偶泥人、蜡像和进贡皇帝用的金偶，用于祭祀牛郎星和织女星，兼具乞巧宜男的涵义。民间许多小孩儿还手执荷叶，装扮成磨喝乐的样子。

做磨喝乐泥偶，是经典的七夕节手工，在宋代尤其盛行，明清也一直延续。

每年的七月初七，在开封的潘楼街东宋门外瓦子、州西梁门外瓦子、北门外、南朱雀门外街及马行街内，都卖磨喝乐。

其实，宋朝稍晚以后的磨喝乐，已不单是小土偶了，而是越做越精致。磨喝乐的大小、姿态不一，最大的高至0.9米，与真的小孩不相上下。制作的材料则有以象牙雕镂或用龙涎佛手香雕成的。

■ 磨喝乐塑像

磨喝乐的装扮，更是极尽精巧之能事，有以彩绘木雕为栏座，或用红纱碧笼当罩子。手中所持的玩具也多以金玉宝石来装饰，一对磨喝乐的造价往往高达数千钱。

东京城里所卖的磨喝乐，以来自苏州的最为精巧，号称天下第一。用来进贡的磨喝乐，其可爱精致自然不在话下，奢侈一点的，甚至以金银铸造而成。

周密在《武林旧事》中记载：

七夕前，修内司例进磨喝乐十卓，每卓

佛经 对佛教经典的一种简略说法。有广义和狭义两种之分。汉文佛教经典总称为"大藏经"，包括印度和我国的佛教主要著述在内。狭义的佛经专指经藏。大藏经为汉译的佛教经典，与东土高僧著作入藏的总称，简称为藏经。同时也称为一切经。

三十枚，大者至高三尺，或用象牙雕镂，或用龙涎佛手香制造，悉用镂金珠翠。衣帽、金钱、钗镯、佩环、珍珠、头须及手中所执戏具，皆七宝为之，各护以五色镂金纱橱。

在宋代，有些磨喝乐相当地奢侈，可见磨喝乐在宋代已经形成一种重要的文化。遗憾的是宋代人广为流传的磨喝乐，没有流传下来，所以它的可爱形象也难以让后人欣赏到了。

南宋文人赵师侠《鹊桥仙》的词为：

摩孩罗荷叶伞儿轻，总排列、双双对对。

■ 磨喝乐塑像

可见宋人购买供奉"磨喝乐"不止一个，磨喝乐是要成双配对的。

其实，磨喝乐应是妇女乞子时所供的吉祥之物，但从磨喝乐的生平中，我们找不出任何与七夕或求子有关的事迹。

磨喝乐就是宋代七夕节宋人的吉祥物，"小儿须买新荷叶执之，盖效聱磨喝乐""小儿女多衣荷叶半臂，手持荷叶，数聱磨喝乐""儿童辈特地新妆，竞夸鲜丽。"

七夕节也是宋代儿童的节日，妇女乞巧求福，儿童乞文得乐。可以

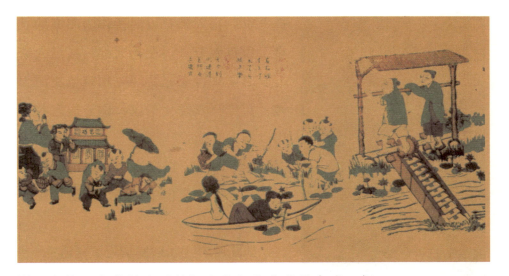

说，宋代七夕节是当时的妇女节与儿童节的合成，但以妇女节为主，儿童节为辅。

除了手持荷叶玩耍，民间还有七夕点荷叶灯的习俗。据《彝陵县志》记载：

> 七夕家家树点荷叶灯，取荷叶极大者，
> 插蒲烛灌脂其中，燃置竿头，于户外树之。

七月正值荷叶生长茂盛之际，每逢七夕，人们都要在门前点燃荷叶灯以示过节。

到了元代，民间还有张挂鹊桥图的习俗。元人杜仁杰散曲《商调集贤宾·七夕》中就记载有：

> 晚风轻点萤飞，天阶夜凉清似水，鹊桥图高
> 挂偏宜，金盆内种五生，琼楼上设筵席。

另外，元时还有穿"鹊桥补子"的习惯。即每

县志 是专门用来记载一个县的历史、地理、风俗等的书。一般20年左右编修一次。我国最早的地方志是813年唐代李吉甫编的《元和郡县图志》，共40卷，后有部分散失。它以唐代的47镇为纲，每镇一图一志，详细记载了全国各州县的沿革、地理、户口、贡赋等。

古画中儿童玩耍磨喝乐

逢七夕，宫人都穿以鹊桥作为图案的衣裳，以点缀节景。在元大都，富足人家七夕时要举行家祀，"先用麻秸奠酒为诚，买纸冥衣烧化于坟，谓云送寒衣，仍以新土覆盖。"

到了明代，在皇宫中，在前朝宫女衣鹊桥补子的风俗中，还产生了拜银河的习俗。

如陆启宏《北京岁华记》写道：

七夕宫中最重，市上买巧果，人家设宴，儿女对银河拜。

可见我国古代的七夕风俗，节日气氛浓厚，习俗风尚十分兴盛。

阅读链接

南宋赵师侠在《鹊桥仙》一词中说："摩孩罗荷叶伞儿轻，总排列、双双对对。"

可见宋人在购买供奉磨喝乐的时候，是要成双配对的。因此，也有人说磨喝乐代表的是牛郎和织女。

根据《西湖老人繁胜录》的记载："御前扑卖摩侯罗，多着红背心，系青纱裙儿。亦有着背儿、戴帽儿者，牛郎、织女，扑卖盈市。"

其中的"背儿"是宋代女性通穿的长上衣。这一段记载里说，"着背儿"的是织女，"戴帽儿"的是牛郎。

兰夜斗巧和拜月乞巧的盛会

唐高宗有一名嫔妃，叫作徐婕妤，不仅长相貌美，而且多才多艺，深受高宗的喜欢。每到七夕之时，徐婕妤就会用菱藕镂空雕刻出许多奇花异草，装于水晶盘中进献给皇上赏玩。

清代丁观鹏《乞巧图》局部

这些雕刻物件十分美丽，又极其精巧，唐高宗看后都大加赞赏，赐给徐婕妤珍宝无数。不止如此，七夕节本就有乞巧的习俗，唐高宗便很自豪地将这些物件传阅给众人欣赏，以夸赞徐婕妤的心灵手巧。

到了黄昏，唐高宗亲自将徐婕妤雕刻的物件散放在宫里的桌上，让大家在夜里摸黑寻找，看谁找到的数量多、模样巧，就算谁赢。

因为在当时七夕也叫兰夜，人们就把这个宫廷游戏称作兰夜斗巧。

斗巧游戏在民间广为流传，但是并不是所有女子都能像徐婕妤那样精通雕刻，因此，人们发挥想象，创造出各式各样的斗巧方式。

眼疾手快的女子爱比赛穿针引线，看谁穿得又快又多。善于烹饪的女子爱做巧食，看谁做得花样新奇、美味漂亮，喜欢针线活儿的女子则爱比女红，拿出自己的作品让大家赏评。

■ 古代女子刺绣图

斗巧过后，输巧的女子都要送礼物给赢巧的女子，礼物虽远远不如唐高宗给徐婕妤的奖赏奢华，但是女子们都以赢得奖励为荣，喜笑开怀。

据传在唐代有一位渔家姑娘，心仪同村的一位打渔小伙儿，却因为害羞，所以每每见到他的时候，都故意找借口躲避。

七夕节这天，姑娘拿出一幅刺绣，绣的就是小伙儿打渔的场景，可是，这幅刺绣却在斗巧时输给了另一位姑娘，并当作奖品送给了她。

渔家姑娘一来由于输巧，二来又怕赢巧的姑娘从刺绣中看出自己的心事，因此一连几天都心事重重的。

没想到的是，几天后，媒人竟然来到了姑娘家中，为那位打渔小伙儿向她提亲，让这位姑娘是又惊又喜。原来那位赢巧的女子正是打渔小伙儿的姐姐，她看出了刺绣中的人极像自己的弟弟，便偷偷打探，得知渔家姑娘与自己的弟弟两情相悦，却又都羞于开口，以至两个人都没有捅破这层窗户纸。

但是赢得的这幅刺绣却又偏偏透漏了姑娘的真情，又借着斗巧的风俗促成了两人姻缘，七夕不愧是我国最具浪漫色彩的节日。

月亮象征着团圆、浪漫，与七夕节的气氛甚为贴近，因此，在我国古代许多地区，还流传着拜月乞巧的风俗。

农历七月初七前夕，相互熟识的女子们找到一起，商议拜月的相关事情。她们选出一位女子作为

■ 刺绣的女子图

媒人 在我国的婚姻嫁娶中起着牵线搭桥的作用。女性媒人又称媒婆或大姈姐。古时的婚姻讲究明媒正娶，因此，若结婚不经媒人从中牵线，就会于礼不合，虽然有两情相悦的，也会假以媒人之口登门说媒，父母之命，媒妁之言，方才会行结婚大礼。

参加乞巧的女子图

带头人，拜月仪式就在她的家中举行。拜月的供品也由这名女子代为购买，所花钱财大家共同承担。

拜月前，女子们须先沐浴，然后换上美丽的新衣，花枝招展地在约好的女子家中聚集。她们步履轻盈，笑靥如花，为节日增添了一抹生动的色彩。

拜月仪式并不复杂。在庭院内摆放一张小桌，桌上放置香炉，然后将供品一一陈列。有时，姑娘们还细心地采来鲜花，插在供桌上。

香烟袅袅，花香淡淡，裙带飘飘，供品琳琅，女子们低语的声音呢喃轻柔，她们的心事与愿望似乎真的在这美好的氛围中飞上了夜空，传到了月亮那里。

祈祷过后，女子们又陈列出胭脂水粉，以送给织女使用。她们还在供桌上摆放自己的女红，请织女欣赏指点。然后，女子们就可以围绕供桌而坐，开心地吃瓜果、聊天了，她们一直玩到深夜才肯散去。

散去前，她们将供奉的胭脂分成两份，一份扔到屋顶，表示送给织女，一份自己留下，期待能获得与织女同样美丽的容貌。

阅读链接

到宋代的时候，出现了民间的乞巧市，专卖乞巧物。从七月初一起，连续数日，乞巧市就车水马龙，游人如织。

民间的乞巧制品充分体现了劳动人民的聪明才智和朴素的审美情趣。如剪五彩纸为"仙楼""仙桥"，上有牛郎、织女及仙侍从。再如在瓜上刻花纹，称为"花瓜"。

由于地域文化的差异，同是欢度七夕节，在我国各个地区的节日活动内容也各不相同，呈现出丰富多彩的地方特色。

在北京，有祭祀牵牛星和织女星以及投巧针的习俗；在广东，有举办盛大"七娘会"的惯例；在广州，乞巧节则独具特色，当地的人们还要拜仙禾和拜神菜。

此外，还有结扎巧姑草人以及举行成人礼等特色风俗。甚至在我国独有的剪纸和刺绣中也有关于七夕精彩的演绎。

我国各地的七夕节习俗异彩纷呈，秉承着我国古老的对于爱情的向往和祝福，凝聚着中华民族的精神，被千古传承。

精彩纷呈

特色习俗

北京的祭双星和投巧针之俗

祭双星图

对于北京地区的七夕节，清代潘荣陛在《帝京岁时纪胜》有过这样的描述：

> 七夕前数日，种麦于小瓦器，为牵牛星之神。谓之"五生盆"街市卖巧果，人家设宴，儿女对银河拜，咸为乞巧。

另外，北京还要摆设切成莲花形的西瓜、香瓜等，并于瓜果秧上扎彩线，十分美观。北京的竹枝词，即有"五生盆结彩层层"句，又投针求巧。

在清代皇宫中亦有祭祀双星、宫女投巧针的习俗，并且在颐和园的昆明池上打浮桥，隐喻天上鹊桥，供帝后观玩。此外，还有饮宴、演戏等。

每到农历的七月初一，各种七夕应节商品就开始上市了，主要有牛郎和织女年画、乞巧楼、乞巧针、乞巧果和祭星用的蜡烛、香，以及各种妇女用的粉、胭脂等化妆品。

■ 陈枚《月曼清游》之"丢巧针"

应节物品中还有小孩儿的玩具"七巧板"，以七块不同的小木板为一套，出售时放盒中呈正方形。可是一拆开，可以拼成鸟、兽和人物的形状，颠倒反复，变化无穷，趣味盎然。

随盒还有拼合的示范图案，如果自己不会变化，照图拼装就可以了。心灵手巧者，可以比示范图案拼的多很多。七夕乞巧、拼七巧图都是有特色的项目，不光女孩玩，男孩也乐此不疲。

此外，北京各大道观从七月初一起，立坛祭祀北斗七星，名称"七星斗坛"。最热闹的要数西四的斗姥宫，道士要做七天七夜的法事。

《帝京岁时纪胜》 清代北京岁时风土杂记。清潘荣陛编撰。潘荣陛以皇都品汇万方，岁时令节、风土景物、典仪之盛，皆宜记载，乃作此书，逐月记录一年四季各节令及其有关习俗、宗教活动、四时鲜果蔬菜食品等事，凡九十三条。"汇集为编，颜曰帝京岁时纪胜。"

香炉 即是焚香的器具。用陶瓷或金属做成种种形式。其用途亦有多种，或熏衣、或陈设、或敬神供佛。历代使用的香器包含博山炉、手炉、香斗、卧炉、香筒等不同形状的香炉，以及熏球、香插、香盘、香盒、香夹、香铲、香匙、香筒及香囊等香器，使用的质料主要包括铜、陶瓷、金银、竹木器、珐琅及玉石等。

戏剧界也要演出应节戏，如昆曲《长生殿》以及各种梆子戏。梆子戏主要演《天河配》《鹊桥会》《牛郎和织女》等曲目。

据说有一年，天桥戏院演《天河配》，海报上写着"真牛上台"，成为一时的新闻。因为一般扮演老牛的，均是由演员披着牛皮道具当牛。正值七月份，天气太热，披着牛皮道具演员会很辛苦。

这一次真牛上台，人们觉得很新鲜，没想到这头牛在台上不尽如人意，弄得人们哄堂大笑，从此以后就没见真牛上台了。

有的寺庙还在七夕这天晒经书，这天如果下雨，就叫"相思雨"或"相思泪"。

传说古代庙会上的乞巧果子，可以捏塑出各种与七夕传说有关的花样，款式很多，主要原料是油、

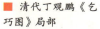

■ 清代丁观鹏《乞巧图》局部

面、糖、蜜。北京人把油条叫果子，就与七夕吃巧果有关，只不过花样少了许多。

七夕夜烧香，祭拜星星，是仪式的重要组成部分。一般人家祭拜星星十分简单，只不过摆个案子当香案，香炉里插上三炷香而已。

如果是有钱人家，还要摆些水果，钱少的人家顶多加上两根蜡烛。比较讲究的人家把供案设在庭院或花园，如果家中有葡萄架，最好是设在葡萄架旁。

供案上陈设有用西瓜雕刻的花瓜、蜜桃、闻香果等时令鲜品。在花瓶里插上鲜花，有的还将胭脂、粉摆上去，意为献给织女。

七夕正值夏秋之际，天上繁星闪耀，一道白茫茫的银河横贯南北，银河东西两岸，各有一颗闪亮的星星，隔河相望，遥遥相对，那就是牵牛星和织女星，老人们把它们叫"双星"。

七夕祭双星，此时是大人教小孩儿识别天上星星的好时机。七夕祭双星要向星星磕头，未成年的男孩儿在母亲的引导下也要磕头，不

祭双星图

是向双星，而是向北斗星，因为古代把七月七日又叫魁星节、祭星节。

祭拜双星者主要是女人，她们把织女当作自己的保护神，老年妇女是为了乞寿，一些青年妇女则是为了乞子和夫爱、婆疼，更多的少女则是为了乞巧、乞美、乞求美好婚姻，每人都念念有词或在心中默念，十分虔诚。

祭完神后，姑娘们还要成群到葡萄架下或井边去"听天语"，据说在这个时候能听到牛郎和织女说悄悄话呢，还有的人甚至说在井边听到了织女的哭声。当然，这只是轶闻而已，不足为信。

有的人说，在七夕这天的白天是很少能够见到喜鹊的，是因为喜鹊都飞到天上搭鹊桥去了。也有的人说，在七月初八看喜鹊，你如果细心的话，就可以发现这个时候的喜鹊头上都是秃的，这是因为它们在搭桥时被牛郎和织女踩的。

还有的农村在这一天要杀公鸡，因为善良的人们害怕公鸡叫得早，从而影响了牛郎和织女的约会时间。这些显然寄托了善良人们的美好心愿。

其实，烧香跪拜星宿之举可以不必，但是七夕之夜教孩子识别星星是很有意义的。当孩子用肉眼凝神观察星宿时，心灵与宇宙沟通，从而对大自然产生崇拜之感，这与通过其他方式观察天空的感觉是绝对不一样的。

清代以后，在农历七月初七这一天，老北京的一些婆婆、小姑和儿媳，可以不分老幼尊卑，同做投针占卜的游戏。

七夕在民间有乞巧活动，在宫廷也是最具娱乐情趣的日子。

慈禧不亲自投针乞巧，而是热心参与评论。有的宫女为讨太后喜欢，挑选针孔大的针放在水上，太阳光射过针孔投下一个小白点，就说这是织女保佑太后年老眼不花，能健康长寿。

这个习俗传到民间，就成了媳妇为婆婆、姑娘为妈妈乞寿求福的活动。

总之，通过这种娱乐活动，增进了姐妹之间的情谊，融洽了婆媳、姑嫂、妯娌之间的关系，表达了女儿们精心女工的心愿和对幸福生活的向往，激发了生活的热情。

阅读链接

清代末年，垂帘听政的慈禧太后十分重视七夕节乞巧验巧的习俗。每年农历七月初七，皇宫内都异常热闹欢快，嫔妃宫女们拥簇着慈禧太后，一面投针验巧，一面说些吉祥话。

投针验巧时，慈禧太后经常亲自观察水底的针影，看哪个宫女更巧，并赐予奖赏。慈禧太后年事已高，宫女们就夸赞太后所投的针影像寿桃，意味着长寿。

慈禧太后眼睛有些花，宫女们就特意找来针孔很大的针为太后验巧，这样，阳光穿过针孔，在水底投下了明亮的原点，宫女就借此发挥，说织女会眷顾着太后，让她眼睛明亮。

两广的拜仙禾及泡仙水活动

■ 古画《剥枣图》

在广东，最重视七夕节的是清代，并流传有许许多多有趣的风俗习惯。

屈大均的《广东新语》中记载了清初"七娘会"的盛况，民间多称"拜七姐"。这个习惯在广州西关一带尤为盛行。活动一般是在少女、少妇中进行，男子与老年妇女只能在一旁观看，并行礼祭拜。

在祭拜之前，要预先由要好的数十名姐妹组织起来，准备拜七姐。在农历六

■ 清代丁观鹏《乞巧图》局部

月份便要将一些稻谷、麦粒、绿豆等浸在瓷碗里，让它们发芽。

临近七夕就更加忙碌了，要凑起一些钱，请家里人帮忙，用竹篾纸糊起一座鹊桥，并且制作各种各样的精美手工艺品。

到了七夕之夜，便在厅堂中摆设八仙桌，系上桌裙，摆上各种精致的花果制品及女红巧物，大显女儿们的巧艺。有用剪纸红花带围着的谷秧、豆芽盘，盘中点着油灯，灯光透出彩画薄纸灯罩，艳彩夺目。

有精心布置的插花，幽香四溢的白兰、茉莉、素馨及其他鲜花，插在瓷花瓶里。有茶匙般大的荷、玫瑰、夜合、山茶插在小盆中，一朵真的配一朵假的，真假难辨。

此外，还有把苹果、桃、柿等生果切削，拼叠成各种鸟兽形状的果盘，以及寸许长的绣花衣裙、鞋袜

《广东新语》
由清代的屈大均撰写。《广东新语》成书于屈大均晚年，它是一部很有价值的清代笔记。全书共28卷，每卷述事物一类，即所谓一"语"，如天、地、山、水、虫鱼等。

及花木展。用金银彩线织绣的小罗帐、被单、帘幔、桌裙，指甲大小的扇子、手帕。用小木板铺土种豆粟苗配细木砌的亭台楼阁，总之是越细致越显得巧。

用米粒、芝麻、灯草芯、彩纸制成各种形式的塔楼、桌椅、瓶炉、花果、文房四宝，以及各种花纹和文字的麻豆砌成的供品，还挂一盏盏玻璃或彩纸的花灯、宫灯、动物形灯以及柚皮、蛋壳灯，上雕山水花鸟图案，很是精致漂亮。

最惹人爱的是女儿们用彩绸扎制的精美的雏偶，即布娃娃。雏偶有牛郎、织女及一对小儿女的形象，一般放于上层，下边是吹箫、弹琴、舞蹈的小儿形象，庆贺双星相会之意。还有《西厢记》、《红楼梦》、《杨门女将》等成套的戏剧人物形象与瓷塑雏偶，是家长买给儿女作为节日的礼物。

当然也少不了陈列化妆用品，如小胭脂盒、镜、彩梳、绒花、脂粉等，既供织女使用，也供女儿们自

文房四宝 我国独有的文书工具，即笔、墨、纸、砚。文房四宝的名字，起源于南北朝时期。历史上，"文房四宝"所指之物屡有变化。在南唐时，"文房四宝"特指诸葛笔、徽州李廷珪墨、澄心堂纸、婺源龙尾砚。宋朝以来，"文房四宝"指湖笔、徽墨、宣纸、端砚和歙砚。

用。还有蜡制瓜果、小动物等。

此外，就是甜咸点心、茶、瓜子、花生等食物，必不可少的是烛台、香炉、香烛，并用最好的檀香。

女儿们在七夕夜要尽情梳妆打扮，用天河水沐浴、洗头发，然后换上锦绸裙袄、旗袍，头上梳发髻，戴上白兰、素馨等花饰，然后再画眉、抹脂粉、点绛唇、额上印花，用凤仙花汁染指甲。

经过这番打扮，女儿们一个个如同仙子下凡。大家纷纷围坐在八仙桌旁、鹊桥边上，进行各种游戏。或自娱自乐，或吟诗作对，或行令猜谜，并穿针祭拜乞巧，指点天上北斗七星及双星，讲述牛郎和织女故事、诗文典故，或请来歌姬，演唱粤曲，奏八音乐等，女儿们也自奏琴箫等乐器。

这时，人们可往各处人家参观乞巧桌陈设，即使到的人多，主人仍会高兴招待，乐不可支。

半夜零时，为织女下凡之吉时，此时所有的灯

■ 人物画《宫中图》局部

脂粉 所谓的"胭脂"，实际上是一种名叫"红蓝"的花朵，它的花瓣中含有红、黄两种色素，花开放在石钵中反复杵槌，淘去黄汁后，即成鲜艳的红色染料。妇人妆面的胭脂有两种，一种是"绵燕支"，另一种是"金花燕支"。这两种燕支，都可经过阴干处理，成为一种稠密润滑的脂膏。由此，燕支被写成"胭脂"。

三更 古代时间名词。古代把晚上戌时作为一更，亥时作为二更，子时作为三更，丑时为四更，寅时为五更。后来一般用三更来指深夜。唐崔颢《七夕词》诗中记载："班姬此夕愁无限，河汉三更看斗牛。"

彩、香烛都点燃，五光十色，一片辉煌。姑娘们兴高采烈，穿针引线，喜迎七姐，到处欢声鼎沸。最后欢宴一番，这才散去。

诚如清代诗人汪仑在《羊城七夕竹枝词》所说：

绣闼瑶扉取次开，花为屏障玉为台。

青溪小女蓝桥妹，有约会宵乞巧来。

■ 七夕节乞巧偶

广州的乞巧节独具特色，在节日到来之前，姑娘们就预先备好用彩纸、通草、线绳等编制的各种奇巧的小玩意儿，还将谷种和绿豆放入小盒里用水浸泡，使之发芽。待芽长到6厘米左右时，采下来用来拜神，称为拜仙禾和拜神菜。

从初六晚开始至初七晚，一连两个晚上，姑娘们都穿上新衣服，戴上新首饰，一切都安排好以后，便焚香点烛，对星空跪拜，称为迎仙，从三更至五更，要连拜7次。

拜仙之后，姑娘们手执彩线对着灯影将线穿过针孔，如一口气能穿7个针孔者叫得巧，被称为巧手，穿不到7个针孔的叫输巧。七夕之后，姑娘们将制作的小工艺品、玩具互相赠送，以示友爱。

在广东的揭阳，乞巧活动主要是由老年妇女组织、15岁以下的姑娘为乞巧主体。

揭阳在很长的一段时间都是人多房少，于是形成了具有特色的"姿娘间"。平日里，姑娘们利用农闲在"姿娘间"向长辈和同辈相互学习制作手工艺品，并暗暗收藏着。

到了七夕，基本以各"姿娘间"为基础，各家摆出果品合为一桌，用装米的竹制米筒为香炉，然后在长辈指导下，乞巧者焚香面向东礼拜，乞巧节活动这时正式开始。

■ 人物画《绣栊晓镜图》

上香完毕后，长辈和小姑娘们在供桌一边长凳坐下谈天说地，至中场后话题转向工艺制作技能方面，谈技术、谈技巧、谈心得、谈某一物品的制作工艺。

最后，姑娘们拿出手工艺品相互赠送，一些姑娘如果对自己的作品信心不足则不敢取出送人，只能藏在身上默不作声，如果有"同演"送工艺品，则只有等来年再回送了。

送完工艺品，乞巧活动已近尾声。这时由长辈组织姑娘再行礼拜，并观察香案台桌下是否有蜘蛛结网，有则为大吉，乞巧最为成功。至此乞巧活动完成。随后撤去香案，参加活动的人和在旁边玩的小孩

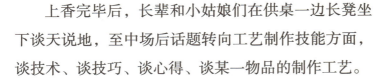

竹枝词 一种诗体，是由古代巴蜀间的民歌演变过来。竹枝词分为三种类型，一类是由文人搜集整理保存下来的民间歌谣。二类是由文人吸收、融会竹枝词歌谣的精华而创作出有浓郁民歌色彩的诗体。三类是借竹枝词格调而写出的七言绝句，这一类文人气较浓，仍冠以"竹枝词"。

人物画《汉宫图》

一同享用果品，一片其乐融融的景象。

旧时，渔家姑娘生活贫困，不能和岸上一些有钱人家的姑娘一样，买许多水果、蜜饯献给织女，但是聪明灵巧的渔家姑娘有着自己独特的乞巧方式。

在农历七月初七的晚上，水上的女儿们来到船头，就着弯弯月牙放出的清辉，舀来一碗清水，把9枚银针丢在碗里，姑娘们聚在一起，看谁最先把九枚银针用五彩丝线穿起来，谁穿得最快，谁就乞到"巧"了。

在七夕节，储水、泡仙水则成了广西地区人们过节时不可或缺的重要活动。

在广西西部，传说在每年的农历七月初七的早晨，仙女们都要下凡洗澡，喝了她们的澡水可以起到辟邪、治病、延寿的作用。据民间传说，七夕日仙女下凡人间，洗澡于江河湖泊，认为当天的水有"仙气"，特别清澈甘醇，并有防害治病的功效。

南宁的男女老少们多对此深信不疑。于是，在七夕的夜晚，人们不约而同地在三更时分，纷纷到河边汲水，或桶挑，或瓶装，或罐盛，起码都象征性地取一些水回家密封存放，以求吉祥。

民间认为，"七水"有奇效，用来染布，布发亮并永不褪色。用来制醋，醋清酸爽，民间称之为"七月香醋"，所以过去南宁人将酸醋称为"七醋"。

届时，邕江沿岸的洋关，渡船口、大坑口、水闸门、平西、亭子等处，都拥挤着汲水者，行动安静而神秘，据说是为了不惊动牛郎和织女的幽会。当然，七夕之水有神效，只是个美好的寄托而已。

每年农历七月初七，广西百色壮族人们有个有趣的习俗，那就是下河泡仙水。据说，一到七月初六的晚上，百色城便万人空巷，附近的澄碧河，包括澄碧湖，则出现人山人海的热闹场面，人们都在等待初七零时的到来。

传说初七零时，仙女就要下凡洗澡，喝其澡水可辟邪，用其澡水沐浴可除百病。有些人甚至裸泳，以求长生不老。这是人们希望自己健康长寿，从而衍化形成这个七夕习俗。

精彩纷呈

特色习俗

阅读链接

汉武帝为解决都城长安的供水问题，开凿昆明池，模仿牛郎织女二星宿隔着天河遥遥相对的情景，立牛郎、织女石雕。从此，传说中的牛郎织女第一次有了具体形象。

唐玄宗在宫中曾建一座高过百尺可容纳数十人的乞巧楼。可见，七夕节的形成与历代皇家的大力推介不无关系。

山东省淄博的沂源县和山西省晋中的和顺县是对"七夕文化"进行了较多演绎的地方。

在山西的和顺县，"牛郎沟""牛郎洞""天河池""牛郎庙""织女庙""南天门""金牛洞""老牛口""牛头山""喜鹊山"等十余处地名与牛郎织女传说情节相对应，当地也有过七夕的风俗习惯。

浙江地域特色浓郁的节庆习俗

古画《纺车图》

浙江一带的七夕活动可称丰富多彩，具有较强的地域特色。在浙江嘉兴塘汇乡古窦泾村，有七夕香桥会。每年七夕，人们都赶来参与，搭制香桥。

所谓香桥，是用各种粗长的裹头香，即以纸包着的线香搭成的长约四五米、宽约半米的桥梁，装上栏杆，于栏杆上扎上五色线制成的花装饰。桥正中还可堆放人们送来的檀香包、元宝锭，红绿相间，金碧辉煌，宛如

一件件精美工艺品。

入夜，人们祭祀双星，祈求福祥，然后将香桥焚化，象征着双星已走过香桥，欢喜地相会。这香桥是由鹊桥传说衍化而来，具有丰富的文化内涵。

在杭州、宁波、温州等地，农历七月初七这天要用面粉制作成各种小型物状，用油煎炸后称巧果。晚上在庭院内陈列巧果、石榴、莲蓬、白藕、红菱、柿子等。

石榴，籽实饱满，象征着后代繁荣昌盛。菱角的肉，酷似一个人的心脏，表示与织女心心相印。莲藕，寄托民间对爱情的美好愿望，那就是即使藕断了，丝还相连，在天大的磨难面前，爱人依旧不离不弃。柿子，果肉甘甜，代表爱情的甜美。

女孩对月穿针，以祈求织女能赐以巧技，或者捕

■ 清代陈枚《月曼清游》之文阁刺绣

元宝 贵重的黄金或白银制成，一般白银居多，黄金稀见。在我国货币史上，正式把金银称作"元宝"，始于元代。不过，早在唐初开元通宝行世时，民间就有取其硕大、贵重之意，旋读为"开通元宝"的。而元代呼金银钱为"元宝"，则是元朝之宝的意思。

蜘蛛一只，放在盒中，第二天开盒如已结网称得巧。

　　在浙江，还有外婆给外孙送巧食的习俗，认为孩子吃了就能生巧。在绍兴的一些农村，七夕这一夜会有许多少女一个人偷偷地躲在生长茂盛的南瓜棚下，待夜深人静之时，如能听到牛郎和织女相会时的悄悄话，这待嫁的少女日后便能得到这千年不渝的爱情。

　　过去，婚姻对于女性来说是决定一生幸福与否的终身大事，所以，世间无数的有情男女都会在这个晚上，在夜深人静的时刻，对着星空祈祷自己的姻缘美满。

　　为了表达人们希望牛郎和织女能天天过上美好幸福的家庭生活的愿望，在浙江金华一带，每年的农历七月初七这天，家家户户都要杀一只鸡，意为这夜牛郎和织女相会，若无公鸡报晓，他们便能永远不分开。

　　当然，这些习俗是为传说而生，但是却给予了人们对有情之人的

■ 清代丁观鹏《乞
巧图》局部

良好祝愿。

妇女七夕洗发，也是特别的习俗。在湖南、江浙一带都有此记载。明清以来，在杭州地区家家户户在七夕这天都要用槿柳叶泡水，给女孩洗头发，以效织女在此日沐浴洗发、使女孩聪明灵巧。

在杭嘉湖地区，这一天，妇女们便取来槿树叶揉搓，取其滑腻的液汁来洗头，以使得头发乌黑生辉，不生头虱。

在宁波绍兴地区，在七夕节前，妇女有用荆树叶浸水洗头发的习俗。

相传春秋时期，吴国大败越国，越王勾践被俘做了人质，得赦回国后，选范蠡为相，卧薪尝胆，图谋报仇，复兴大业。范蠡深思熟虑之后，准备选取一才

范蠡 春秋末著名的政治家、谋士和实业家。后人尊称"商圣"。他出身贫贱，但博学多才，功成名就之后激流勇退，泛一叶扁舟于五湖之中，期间三次经商成巨富，三散家财，自号陶朱公，乃我国儒商之鼻祖。世人赞誉为："忠以为国；智以保身；商以致富，成名天下。"

色兼备的女子送给吴王，使其溺情于声色，不理朝政，以便越国报灭国之恨。

一天，范蠡遇见了西施。西施自幼聪慧，天姿国色，平常喜欢用荆叶浸水梳洗。越灭亡以后，她常在浣沙溪边自吟："春色年年有，年年不见春。浣沙水清清，难洗亡国恨。"范蠡见西施不但貌美，而且为亡国而哀痛，是一位难得的好女子。

于是，在禀告越王勾践之后，范蠡便带了印符护送西施到了吴国。在越国复国之后，范蠡便带了西施于农历七月初七隐姓埋名，泛舟于五湖之间。

老百姓为了表示对西施的敬爱，便于农历七月初七用荆树叶浸水洗发，以示纪念。

七夕在温州的洞头地区是个文化传统非常浓郁的节日。这一天，当地年满16虚岁的孩子都要参加成人礼，未到年龄的，则是属于他们的儿童节。同时，七夕也是祈求安康和象征爱情的节日。

七夕这一天，洞头地区的村子里集中当地儿童，以16虚岁为标准，分成两组。邀请村里有威望的老人，身着传统服饰主持。并贡上红圆、寿龟、巧人饼等特色供品，念诵祭文祝词、焚七星亭、为孩子们祝

■ 西施浣纱图

福纳祥。

在温岭石塘镇的石塘、箬山一带，在七夕当日向七娘妈为未满16岁的儿童祈愿的节日。早在300多年前，石塘、箬山一带的居民从福建、惠安、泉州等地迁入，将当时在闽南盛行的七夕供奉玩偶的习俗也带到了这一地区。因该地区相对封闭的地理位置，这一习俗仍被完好地保留了下来。

石塘小人节的程序是农历七月初一至初七，每天清晨需点七支香，祭七女神。初七清晨，在门口设供桌，摆放彩亭或彩轿，点香烛，放七个酒盅，香蕉、葡萄、西瓜、木耳、香菇等时鲜果蔬，以及糖龟、刀肉、鱼干、鸡蛋、粽子等祭品。

■ 人物画《四美图》

祭祀仪式一般由女性长辈主祭，祈求七女神保佑小孩聪明、健康。祭拜仪式结束时，燃放鞭炮，焚化彩亭或彩轿以献给七娘妈。从凌晨至9时这个时段，整个渔区小镇香烟缭绕，鞭炮声不绝耳，热闹非凡。

石塘小人节以石塘、箬山为中心，在当地的发展过程中，既保存了宋代京城开封与临安流行的七夕风俗，同时又是在该地区特有生态环境中演变的结果。

每年农历的七月初七，是传说中"牛郎和织女"

虚岁 计算年龄的方法之一，是我国传统的年龄计算方法，计龄方式为在出生时即记为一岁，以后每过一个新年增加一岁。而不像周岁算法，出生时为零岁，之后以当事人的生日为基准每年增加一岁。

浪漫佳期

七夕节俗与妇女乞巧

地藏菩萨 或称之为地藏王菩萨，曾音译为"乞叉底蘖沙"。因其"安忍不动如大地，静虑深密如秘藏"，故名地藏。他为佛教四大菩萨之一，与观音、文殊、普贤一起，深受世人敬仰。以其"久远劫来屡发宏愿"，故被尊称为大愿地藏王菩萨。

相会的日子。在这一天，萧山坎山一带的乡民就会自动地聚集在地藏寺中，望着天上的繁星明月，用心聆听着牛郎和织女的诉说衷肠。

有数以千计的乡民夜宿地藏寺，彻夜祈求地藏菩萨上天奏告，让玉皇大帝开恩，让这对有情人一家团圆，永不分离。

坎山地藏寺是我国继九华山之后第二座地藏寺，"七夕祭星乞巧"的习俗最先就是在这里开始，已经流传了几百年。在坎山镇，每到农历七月初七夜晚，家家户户都会自发祭星乞巧。

乡民们在虔诚地为"牛郎和织女"祈祷夫妻团圆的同时，也祈盼着自己的女儿能像织女一样心地善良，心灵手巧。

皓月当空，少女们在奶奶或母亲的引导下，举行"祭星乞巧"祭祀，她们在月下摆上八仙桌，庭院中一根巧杆上挂着母亲绣的花边。

萧山花边亦称万缕丝或万里斯，为采用绣针引线方法挑绣的著名民间工艺品。萧山花边的生产主力为女性，她们在七夕节祭星乞巧时，总要精心挑选自己的得意之作挂在"巧竿"上，向牛郎和织女星展示，乞求织女娘娘赐予更加精进的手工技艺。花边产业与祭星习俗在这里浑然一体，互动互进。

祭星时，桌子上摆放着多丝的莲藕、甜蜜的柿子、多籽的石榴、心状的菱角，还有一碗清水。

柿子因其饱满硕大，颜色大红，入口甜滑，象征爱情甜甜蜜蜜。故七夕节之日，柿子被当作乞巧祭品

九华山 古称陵阳山、九子山，因有九峰形似莲花，因此而得名。于742年改名九华山。方圆100公里内有九十九峰，主峰十王峰海拔1342米，山体由花岗石组成，山形峭拔凌空，素有"东南第一山"之称，至今保留着乾隆御赐笔金匾"东南第一山"。

■ 剪纸——仙女

■ 古画的女子乞巧

萧山 古称余暨、永兴，古属绍兴府，拥有8000年历史，2000年建县史，是越文化的中心地带和新时代浙江精神的发源地之一。萧山区地处我国县域经济最为活跃的长三角南翼，东邻绍兴市柯桥区，南接诸暨市，西连富阳市，西北临钱塘江，与杭州主城区一江之隔，北频杭州湾，与海宁市隔江相望。

祭祀牛郎和织女，祈求爱情甜蜜美满。莲藕折断后，有丝连着，俗称藕断丝连，象征着情思绵绵。

因此，在萧山，每年七夕节，莲藕被当作七夕乞巧的必备祭品。水菱长有4个尖角，通常被国人寓意"棱角分明"和"锋芒毕露"。

由于其果肉形状像颗心，表示和织女娘娘心心相印，象征爱情一心一意。

在祭星仪式上，姑娘按照祖辈的引导，向天际的牛郎和织女敬酒，将酒洒成一个"心"字，祝愿他们能够天长地久。同时乞求织女能让自己心灵手巧，找到那个属于自己心中的牛郎。

这个祭星仪式，直至乞巧的姑娘能看到一碗清水中泛出银色剪刀与一枚花针。从此织女就走进了她的心中，长大后肯定是心灵手巧的女子。

美丽传说的七夕节，从地藏寺的祭祀中走来，渐渐地演变为坎山一带民间特有的"祭星乞巧"的习俗，成为乡村女孩初长成人的一种洗礼活动。

在萧山，人们在七夕的前一日取雨水、井水各半，盛在碗中，放露天一夜，再在太阳下暴晒半天，中午日当中，等水面生膜后，各家女孩将绣花针或新竹扫帚梢放在水面的膜上，浮而不沉，然后仔细观看针在水底的影子，以验智巧。

如果水底针影散如花，或动如云，或花头、鸟兽影，或成鞋及剪刀影，就认为"乞得巧"。但是如果水影粗如缒，细如丝，直如轴蜡，就表示人笨手拙，女孩子就会哭的。

在萧山，每年七夕节，女孩子要用彩布制作精美玲珑的小鞋子，挂在公厕展示手工绝活，叫做请坑香姑娘。

做小鞋取材土制绸布，经裁剪和裱褙成形。形状小巧玲珑，一双鞋子不足盈握，煞是可人。这种鞋子多为待字闺中的姑娘精心制作，挂在村口公厕，意在展示女红的绝活。

阅读链接

在文字记载中，最早称牛郎、织女为夫妇的，应是南北朝时期梁代的肖统编纂的《文选》，其中有一篇《洛神赋》的注释中说："牵牛为夫、织女为妇，织女牵牛之星各处河鼓之旁，七月初七乃得一会。"

这时"牛郎织女"的故事和七夕相会的情节，已经初具规模了，由天上的两颗星宿，发展成为夫妻。但在古人的想象中，天上的夫妇和人间的夫妇基本上是一样的，因此，故事中还没有什么悲剧色彩。

至于为什么牵牛、织女要在"七月初七乃得一会"呢？原文未交代。但是随着时间的流逝，牛郎和织女的故事在继续丰富和发展。

带来快乐和希望的七夕庆祝

织女图

每年的七夕节，山东各地都会举行多种多样的庆祝活动，让人感受到浓厚的节日气氛。

胶东地区在乞巧之前有请七姐姐的活动，姑娘们白天到田地里去"偷"一些青秫秸，一路上不回头，不说话，回家后扎一佛龛，或在土台上搭一小棚，内供织女图。

入夜后，姑娘们再手持秫秸围井台转一圈，请七姐姐位归佛龛，然后坐在织女像前，对拍巴掌向织女乞巧，边拍边唱："一巴掌一月一，姐姐教我纳鞋底。

二巴掌二月二，姐姐教我绣花裙……"如此，一直唱到十二月。

■ 巧棚鲤鱼跳龙门

胶东地区多在七夕拜七姐神。年轻妇女穿上新装，欢聚一堂，于庭中盟誓结成七姐妹。

不少地方还制作巧花，少女们用面粉制作牡丹、莲、梅、兰、菊等带花的饼馍食品，称巧果，还有巧菜，就是在酒盅中培育麦芽，此即宋代的种生，用巧果、巧菜来祭祀织女。

在旧时，长岛县的拉巧，其实就是斗巧。节前，姑娘们聚在一起，精心装饰巧棚，巧棚中有用面粉制作的狮子、斗鸡、凤凰、鲤鱼跳龙门、戏出子、转灯、饽饽、金钟等。

节日期间，把巧棚布置一新，晚饭后，姑娘们聚在一起，明灯蜡烛，唱喜歌拉巧。观众络绎不绝，有的还到外村去表演，一般延续4天左右。

在山东济南、惠民、高青等地乞巧活动很简单，

佛龛 供奉佛像、神位等的小阁子，如佛龛、神龛等，一般为木制，我国古代的石窟雕刻一般是神龛式，小龛又称棣。龛原指掘凿岩崖为空，以安置佛像之所。后世转为以石或木，作成橱子形，并设门扉，供奉佛像，称为佛龛。

精彩纷呈

特色习俗

铜钱 春秋战国时期，随着商品经济发展，使在流通中要分割和鉴定成色的金属称量货币逐步不适应，而被金属铸币所取代。我国历代古钱币大多数是以铜合金形式铸造的，方孔钱是古代钱币最常见的一种。方孔铜钱应天圆地方之说，古代人们认为天是圆的，地是方的，所以秦始皇铸钱以此为型。

只是陈列瓜果乞巧，如有喜蛛结网于瓜果之上，就意味着乞得巧了。

而鄄城、曹县、平原等地，吃巧巧饭乞巧的风俗却十分有趣。7个要好的姑娘集粮集菜包饺子，把一枚铜钱、一根针和一个红枣，分别包到3个水饺里。

乞巧活动以后，姑娘们聚在一起吃水饺，传说吃到钱的有福，吃到针的手巧，吃到枣的早婚。

不管结果如何，在乞巧的过程中，姑娘们之间结下的深厚友情，会随着岁岁年年七夕节的到来，而让彼此终生难忘，并成为人生中一段最美好的回忆。

曲阜地区在七夕做巧果与巧灯。巧果与巧灯都有各种各样的造型，巧灯造型有菊花、荷花、月季、牡丹、芍药、玉簪、兰花、海棠、佛手、文官果、玉兰、梅花等花卉灯，此外还有八仙过海、群仙祝寿、童子拜观音、福禄寿等人物灯。

■ 招财进宝花灯

孔府把巧果和巧灯作为节日礼品，送给各府本家和亲友。七夕之夜，从孔府大门，沿中轴线到后堂楼各院门口，花园各路、各景点，都摆设巧果与巧灯，各庭院和花山顶上，摆以巧果为主的点心和茶水。

入夜，府中人坐庭院中，仰望牛郎和织女会面，一片其乐无穷的景象，让人回味绵长。

在七夕之日，无棣、长岛等地有做巧芽的习俗，一般在七月初一将谷物浸泡水中发芽。七夕这天，剪芽做汤。荣城儿童特别重视吃巧芽，看巧云。

■ 花灯剪纸

在荣城，七夕这一天，女子都要做"巧花"，即用面粉制作成各种各样的食品，如莲蓬、荷花、竹篮等。当地民众认为"七夕吃过巧花，能使人巧。"

在莘县，人们过七夕节的时候要搞重七。一般是7个女子，摆列7种瓜果，并各包馄饨7个，各置一钱于馅中，合而煮之，分盛7盘，焚香7炷，循序7拜，分而食之，以值钱之多寡验巧之失得。

潍县的人们要聚在一起，每家出一些米和面做成饭，并在这一天的黎明时，分以7人一组吃下，谓之"乞巧饭"。

在掖县，为了乞巧，女子们还要特意设立一个"乞巧筵"，姻亲们纷纷送来瓜果和五色饼。沿海的

孔府 是孔子嫡长子孙的府第。旧称衍圣公府，在曲阜市内孔庙东邻。历代衍圣公的官署和私邸。始建于1038年，是我国仅次于北京故宫的贵族府第，号称"天下第一家"。孔府是中国现存规模最大、保存最好、最为典型的官衙与宅第合一的建筑群。

■ 古画《盥手观花图》

日照地区，女子在七夕夜多到海边去看五色云，即"巧云"。在禹城，乞巧活动已经不限于仅女性之间进行，甚至连男人都专门举办"乞巧会"。

在莱州，农历七月初七，旧时妇女要供奉织女，以乞心灵手巧。莱州制作各式各样的"巧饼子"以乞巧。在早些时候，农历七月初六开始供奉，七月初七撤供，七月十四再供上，意为送巧姐姐。

很多大人都把"巧饼子"用线串起来，挂在小孩子的脖子上。农历七月初七，婆家要做巧饼送给新娶进门的儿媳妇，也有的送10个大饽饽、面鱼、包子。

在商河，牧童还会采集一些野花插在牛角上，以"贺牛生日"。曲阜、宁阳等地习惯在七夕之日晒衣物。日照妇女在这一天都要洗头，据说这天洗头头发明亮柔软，没有汗臭味。

栖霞民间庆七夕也有洗巧头的习俗，就是农历七月初七早晨，女人不论是青年、中年和老年都要洗头，据说，这天洗了巧头，一年四季头脑清醒，遇事不糊涂。

临沂一般都在这天洗涮油罐子，据说这一天油罐子特别容易洗涮，用水轻轻一冲就洁净了。

饽饽 我国北方平时和节日的主要食品。饽饽是用黏米做成的。有豆面饽饽、苏叶饽饽和黏糕饽饽等。豆面饽饽是用大黄米、小黄米磨成细面，再加进豆面蒸制而成。苏叶饽饽是用粘高粱面和小豆的豆泥混合拌匀，外面用苏叶包起来蒸熟的。黏糕饽饽是用大黄米浸泡之后磨成面，在黄米面中间包上一些豆泥蒸熟后则成。

诸城、滕州、邹城一带，把七夕下的雨叫作相思雨或相思泪，认为是牛郎和织女相会所致。胶东、鲁西南等地传说这天喜鹊极少，都到天上搭鹊桥去了。

青岛地区最具有代表性的习俗是磕巧果。巧果也叫乞巧果子，是七夕节的应节食品。妇女们用面粉加入糖或蜂蜜用模子制作出来的带有牡丹、莲、梅、兰、菊等花样图案，还有象征吉祥意义的鱼、兽等各种动物图案的面磕子，用锅烙出来。

然后，将7个穿成串，戴在小孩子的脖颈上或手脖子上，既美观，也可食用，更重要的是用来辟邪。大的巧果放在锅里蒸，用来供奉牛郎和织女和祈福。

七巧果是我国几千年的传统，并且有一定的讲究，鱼形的，代表农民的日子年年有余，生活越过越好。福字寿字的，代表老人吃了以后身体健康长寿。一长串的，小孩比较喜欢，吃了以后，代表着脑子聪明，以后一定会学习好，身体健康。

山东地区乞巧节供品主要以面制品为主，并要求制作精美。丰富多彩的七夕习俗，给人们带来了快乐与希望。

阅读链接

关于"乞巧"的由来还有另一个故事。

由于古代女子的命运只能嫁作人妇、相夫教子，因此不少女子都相信牛郎织女的传说，并希望以织女为榜样。所以每逢七姐诞，她们都会向七姐献祭，祈求自己能够心灵手巧、获得美满姻缘的节日。这也就是"乞巧"这名称的来源。

妇女亦会结彩楼，预备黄铜制成的细针，即七孔针，以五色细线对月迎风穿针，穿进了为之得久。久而久之，七夕也成了"女儿节"。不过，古人乞巧不独七夕，正月及八九月都可以乞巧，只有宋以后才有七夕乞巧。宋元时期，七夕乞巧节变得很隆重，有专门卖乞巧饰品的市场，称作乞巧市。

晋陕地区独特的结扎巧姑草人

七夕节主要是庆贺天上牛郎与织女的一年一会，民间习惯称为天河配。

依照七夕节天上牛郎、织女相会的情节，山西民间有扎像庆贺的风俗。具体来说，这个风俗就是在街头巷口，用树枝等物扎成一对青年男女像，代表牛郎和织女相会。在像前敬献瓜果桃李，以示祝贺。

星汉灿烂之际，如果看到天河中有白气，并闪耀着五色的光芒，就被认为是牛郎和织女相见的征兆。旧时，此刻要下

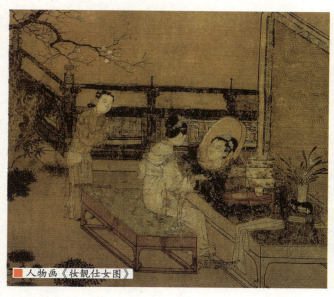

人物画《妆靓仕女图》

■ 牛郎织女鹊桥相
会剪纸

拜，乞求牛郎、织女恩赐。

据说牛郎和织女是勤劳的化身，所以跪拜者求农求织求婚均可，求金求银求暴利则要适得其反。一人只能乞求一事，求多则不灵。在吉祥征兆面前，连续三年诚心诚意乞求一件事，则必然应验。

在山西民间，七夕前后多降雨，能够连续三年乞求一事当属不易。民间传说，七夕节如果天上降雨，那就说明牛郎和织女在哭诉衷肠，预兆着夫妻和睦，家庭兴旺。

在七夕节，姑娘和媳妇还有许多向织女讨教手艺的活动，称为乞巧。

晋南地区习惯用当年产的新麦秸编成一座桥，配以牛郎、织女、男孩、女孩、老牛、喜鹊等编织物，置放案头，或是用彩色纸剪成上述景物，并将这些剪纸贴在墙上。祈祷后，拿7根绣花针，用彩色线来穿

剪纸 又叫刻纸，是我国汉族最古老的民间艺术之一，它的历史可追溯到6世纪。不同的是创作时，有的是用剪子，有的是用刻刀，虽然工具有别，但创作出来的艺术作品基本相同，人们统称为剪纸。剪纸是一种镂空艺术，其在视觉上给人以透空的感觉和艺术享受。

■ 古画中女子乞巧

粟　即小米，我国古称稷或粟。脱壳制成的粮食，因其粒小，直径2毫米左右，故名。原产于北方黄河流域，我国古代的主要粮食作物，所以夏代和商代属于"粟文化"。我国最早的酒也是用小米酿造的。

针孔，能够一次顺利穿过7个针孔者，就被认为乞得了巧。

曲沃县盛行男孩和女孩以星星草、香节投水乞巧。晋北地区习惯白天在院里晒一盆水，因微尘飘落，盆水的表面形成了一层薄薄的膜。将绣花针涂油以后，轻轻放置水面，能够漂浮者则被认为是乞得了巧。

晋西北地区是在盆水中放置豆芽，将节前生好的豆芽，放置水面。在阳光照耀下，经过盆水的折射，水底倒影会显示出各种动态，或蜈蚣、或水蛇、或狗、或小鸡，倒影显得越复杂越逼真，意喻乞巧越多。

晋东南地区女孩子，七夕节要逮一只吐丝的蜘蛛，装在匣子里。第二天观察蜘蛛的结网疏密状况，越密乞巧越多。与少女一样，少年男子在七夕节也要向牛郎讨教耕耘的本领。

在晋南地区，习惯在木板或石板上覆土，土上制作茅屋小景，屋旁做成田园。田地中种粟生苗，人们将之称为谷板。

晋北地区习惯将小麦及各种豆类用水浸泡，促其生芽。七夕节，用彩线缠芽，称之为种生。晋西北牧童要为耕牛编戴花环，称为老牛过生日。

七夕节，民间喜用白面或糕面加油、糖、蜜做成各种糖果，称为巧食。在山西境内，家家要吃西瓜，喜欢在西瓜上刻画花纹图案，称为花瓜。

陕西的黄土高原地区，在七夕节的夜晚也有举行各种乞巧活动的风俗。这个时候，妇女们往往要结扎穿花衣的草人，谓之巧姑，不但要供瓜果，还栽种豆苗、青葱等。

在七夕之夜，各家女子都手端一碗清水，剪豆苗、青葱，放入水中，用看月下投物之影来占卜巧拙之命。像花的就是巧手，像笔的就爱学习，像锄头的就是种田。

大家看了，有的高兴，有的不乐，这就叫七月初七掐巧。这一夜，姑娘们都在佛堂的地上铺的草垫上休息。天刚蒙蒙亮，一群姑娘们就到田野里去打露水。说是七月初七的露水抹在头发上，头发会长得

古画女子乞巧

又黑又密实。

大家就使劲把青草上、稻子上和各种花草上的露水，都用手去打下来抹在头发上，把个头发弄得湿湿的，就像刚从水里钻出来似的。

在陕西等地，在农历七月初七还有迎女避节的习俗。据陕西省《蒲城县志》记载：

七月初七，迎新嫁女避节。

当地传说织女是天帝的孙女，织女婚姻的不幸，是由于天帝不愿孙女与牛郎长期生活在一起造成的。

每逢农历七月初七，人们就要把新出嫁的女儿接回家来，以免天帝发现女儿与女婿长期生活在一起，把他们像牛郎与织女一样强迫分开。

当地的这个习俗，充分体现了为人父母者希望女儿婚姻美满幸福的愿望。同时，也说明牛郎和织女的传说不但深入人心，而且影响着人们的日常生活。

浪漫佳期

七夕节俗与妇女乞巧

阅读链接

牛郎织女传说在我国由来已久，后世经过不断发展演变，逐渐形成了一个完整的传说，钟嵘在《诗品序》中说："气之动物，物之感人，故摇荡性情，形诸舞咏。"

这一论断说明了诗歌创作的直接源起，即"物之感人"，而外物又包括自然界的"物象"和人事界的"事象"。

随着传说的逐渐定型故事化，普及化，以及相关风俗的流传，牛郎织女故事逐渐浸入人们的日常生活，成为影响日深的人文"事象"。

闽南和台湾地区的七夕节习俗

在福建地区，七夕节时要让织女欣赏、品尝瓜果，以求她保佑来年瓜果丰收。供品包括茶、酒、新鲜水果、五子、鲜花和妇女化妆用的粉，以及一个上香炉。

一般是在斋戒沐浴后，大家轮流在供桌前焚香祭拜，默祷心愿。女人们不仅乞巧，还有乞子、乞寿、乞美和乞爱情的。

而后，大家一边吃水果，饮茶聊天，一边玩乞巧游戏。乞巧游戏有两种，一种是"卜巧"，即用卜具问自己是巧是笨。另一种是"赛巧"，即谁穿针引线快，谁就得巧，慢的称"输巧"，输巧者要将事先准备好的

织女脸谱

■ 窗花

刺绣 古代称之为针绣，是用绣针引彩线，将设计的花纹在纺织品上刺绣运针，以绣迹构成花纹图案的一种工艺。古代称"黹""针黹"。因刺绣多为妇女所作，故又名"女红"。刺绣是中国古老的手工技艺之一，中国的手工刺绣工艺，已经有2000多年历史了。

小礼物送给得巧者。

在福建，还有把七夕乞巧的供食分给孩子们的习俗，说吃了可以增进友爱，不会吵架。

有的地区还组织"七姐会"，各地区的七姐会聚集在宗乡会馆，在会馆摆下各式各样的香案，遥祭牛郎和织女。香案都是纸糊的，案上摆满鲜花、水果、胭脂粉、纸制小型花衣裳、鞋子、日用品和刺绣等，琳琅满目。不同地区的七姐会在香案上下工夫，比高下，看谁的制作精巧。

一直到了后世，只有极少数的宗乡会馆还会在这个节日设香案，拜祭牛郎和织女。但是，有关牛郎和织女的传说，依然还会流传下去。因为，祈求爱情和婚姻的幸福，是亘古不变的人类情结。

闽南和台湾的七夕节，同样也是七娘妈的诞辰日。民间十分盛行崇拜七娘妈这一被奉为保护孩子平安和健康的偶像。

据考证，闽南人过去跨越海峡到台湾经商，大都多年未能回归，妇女们只好把所有的希望，都寄托在孩子身上，因为有了希望才有生活下去的勇气。

所以，七夕这一相思传情的节日，又演变成对保护孩子的七娘妈神的祈祷。每年的七夕，人们三五成群到七娘妈庙，供奉花果、脂粉、牲礼等。

这天，台湾民间还流行一种成人礼，即孩子满16岁时，父母领着孩子带着供品到七娘妈庙酬谢，答谢七娘妈保护孩子度过了幼年、童年和少年时代。

在这一天，台南地区要为16岁的孩子行成人礼。台湾民众认为，小孩在未满16岁之前，都是由天上的仙鸟，即鸟母照顾长大的。鸟母则是由七娘妈所委托，因此七娘妈就成了未成年孩子的保护神。

■ 仙女奏乐剪纸

年画天河配

　　相传以前在台南的西区一带，有5个小港为5个姓氏各据其一，以搬运船货谋生，而小孩在未满16岁以前，工作时只能领一半的工钱，满16岁以后，才被视为大人看待。所以，当地如有子女满16岁的，就为他们举宴，请来工头及亲朋好友欢宴庆祝，以此证明孩子已经长大成人。

　　虽然当年的5个港已成为历史的陈迹，但这个风俗一直流传下来，从未间断过，只是改在七娘妈的生日，即七夕节统一庆祝孩子长大成人，叫做"出鸟母宫"。这个成人礼庆典被称为"做16岁"。

　　做16岁的成人礼庆典，在台南中山路的七娘妈庙里举行。这是台湾唯一专门供奉七娘妈的庙宇，是由大陆迁到台湾来的，建于1823年，已经有近200年的历史了。

　　在农历七月初七这一天，孩子的父母要按古礼准备一定规格的祭品，即七碗油鸡酒、一盘面、四果、六色菜碗、七碗甜芋、红龟粿、两根带尾的甘蔗及五牲等。

　　除了祭品外，家长们也为子女特制一个"七娘妈亭"。这个七娘妈亭是由一根根竹枝绑扎成楼台的框架，其外贴上五光十色的花纸或神像纸，有一层的，也有二层、三层的，都得预先定做。

一番祭拜之后，由双亲捧着七娘妈亭，让小孩从亭下走过，如此便表示孩子在七娘妈的庇护下，已经长大成人了。

因为七娘妈喜欢住建筑华丽的楼宇，喜爱梳妆打扮，因此礼毕后，便将金纸、经衣，即印有衣裳、梳子等图形的黄表纸，连同七娘妈亭一并焚烧，以示贡献了。

在闽南和台湾地区，在婴儿出生满周岁后，虔诚的母亲或祖母就会抱着孩子，带上丰盛的祭品，另加鸡冠花与千日红，到寺庙祭拜，祈愿七娘妈保护孩子平安长大，并用古钱或锁牌串上红包绒线系在颈上，一直带至16岁才在七夕节那天拿下锁牌，并到寺庙答谢七娘妈多年的保佑。

有的家长除了在七夕节这几天，祭谢七娘妈之外，还专门为孩子举行成人礼的事而宴请亲朋好友，进行一番庆贺。

闽南和台湾的民间七夕，虽不重视乞巧，

五牲　古代用作祭品的5种动物。具体的五牲有不同的说法，第一种是牛、羊、豕、犬和鸡，流传较广，第二种是麋、鹿、麢、狼和兔。第三种是麢、鹿、熊、狼、野猪。

精彩纷呈

特色习俗

■ 祭祀烧纸

但很看重保健食俗。每到七夕之际，几乎家家户户要买来中药使君子和石榴。七夕这天晚餐，就用买来的使君子煮鸡蛋、瘦猪肉、猪小肠、螃蟹等。晚饭后，分食石榴。这两种食物均有一定的驱虫功能，因而很受欢迎。

台湾地区在七夕的晚餐，民间还习惯煮食红糖干饭，这对诱虫吃药也起了辅助作用。为什么有此独特节俗呢？相传出自海峡两岸尊奉的北宋名医"保生大帝"吴云东。

那是在景佑元年夏令，闽南一带瘟疫流行，好心的名医吴云东带着徒弟，四处采药救治百姓。他见许多大人、小孩患有虫病，就倡导人们在七夕这天购食使君子、石榴。因七夕这天好记，期间又是石榴成熟季节。所以，人们都遵嘱去做，起到了意想不到的保健作用。

到了后来便相沿成俗，并随着闽南移民台湾，一直沿袭了下来。

阅读链接

每到农历七月初七的七夕节这天，人们自然而然就会想起这一天是牛郎织女鹊桥相会日子，在古代也被人们称为"乞巧节"，甚至可以说是古代情人之间的节日。

古代刺绣香囊就是当时流行于七夕的情人之间的礼物。在过去，人们喜欢往荷包内放入香料，做成香囊。刺绣香囊用五色丝线缠成，用彩色丝线在彩绸上绣制出各种内涵古老神奇、博大精深的图案纹饰，缝制成形状各异、大小不等的小绣囊，内装多种浓烈芳香气味的中草药研制的细末。

古代的香囊是用来提神的，也有用香料来做的，因其香适合很多人的喜欢。而在古代，这就成了两个人之间的定情物，传递心上人早日出人头地的美好祝福。

苏鄂两地的乞巧会和七夕咬巧

　　牛郎和织女的故事，是由天上的织女星和牛郎星衍化而来，传说历经千年不衰，在江苏省太仓地区广为流传。

　　太仓群众十分重视"七夕节"活动，每年农历七月初七，人们常

戏剧中的牛郎织女

黄梅戏《牛郎织女》

在织女庙旧址举行活动。只见庙内织女面带微笑端坐殿上。

庙外锣鼓喧天，长龙舞得尘土飞扬。临时架起的帐篷内，数十张圆桌一字铺开巍然壮观。灶台间炊烟袅袅，各式斋菜被分装进层层堆叠的碗碟中。源源不断的善男信女们将整个织女庙围得水泄不通。

在每年的农历七月初七，在有着"牛郎和织女降生地"之美誉的南郊利民村织女庙前举行的"七夕乞巧会"上，都会上演这一幕热闹的盛况。

在一年一次的"乞巧会"上，延续了上千年的各类纪念活动，逐步形成了一份非常有价值的文化遗产。这里有盛大的香汛，而各式商贩也会在一旁摆摊买卖，场面十分热闹。庙内和六里大的庙场上熙熙攘攘，包括昆山、嘉定、常熟等地的香客上千人来此。

乞巧会由庙主主持，分为开启、斋筵、祭祀、念经、解粮五部分。神像一般三年开一次光，开光分为净面、接灵、开光、开道、接光、朝皇、拜堂拜印、上菜等几个环节。

"七夕节"上，都会进行拜双星、观星斗、看巧云、笃巧、吃巧果和兰花豆、染红指甲、净头槿、承露盘等一系列富有太仓特色的丰富的民俗活动。

在乞巧会上，庙主不仅继承了免费施斋，各色巧点诱人又可口，地道的巧果、兰花豆、豇豆麦糕等特色点心，让人们赞不绝口。

到了下午，姑娘们开始用自家种的凤仙花染红指甲以求吉祥如意，用槿树叶汁洗头以求美貌纯洁，有时旅居于此的人们也不禁入乡随俗，一沾喜气。

在湖北地区，七夕的节日气氛也很浓郁，并有各自的风俗习惯。如有的地方流行"咬巧"，即纳凉的时候，边讲故事，边吃蚕豆、豌豆、菱角、莲蓬及应时瓜果面点等。意思是说，越咬越心灵手巧。

樊湖一带少女们，特别是一些待字闺中的姑娘们，她们的"心丝""暗绢"是不便公开的。所以七夕之夜，三五个要好的女孩子们相聚在一个姑娘的房中，面对窗外的星月，各自露出自己的"珍藏"，如手帕、鞋底、枕巾、女儿兜兜等，然后相互切磋取长补短。这种七夕比针线活的习俗，在年轻姑娘中间世代相传。

除此以外，还配合"月序日序"相同的节日，如二月二龙抬头、

黄梅戏《牛郎织女》

三月三踏青、五月五端午、七月七七夕、九月九重阳等，提前编织剪刻一些手工制品以应节日。

然而，最有情趣又最动人的莫过于一些关于"婚恋""情愁"方面的四言八句，如：

> 七夕夜，比针线，为谁绣"喜"字？干吗要做"鸳鸯枕"？你情愿，我也劳神，心知肚明不用问，星星亮，"巧姐"神；姑娘们的心思早看清。
>
> 远处锣鼓响，谁家花轿接？心烦针线乱，巧手蜇出血，推窗四处望，鞭炮响连天，难解心结结。

这些情真意切的歌，把一些姑娘们的内心哼唱得真实自然流畅。

七夕节，是一个浪漫而又动人的节日，不知带给古今多少少女的向往与期盼，令人终生难忘。

阅读链接

赵伯驹的《汉宫图》中有一纨扇形式的小册页，画汉宫七夕故事，描写宫娥彩女们在天阶夜色凉如水的七夕，登上穿针楼乞巧习俗。宫殿中庭园内设有步障，分隔为内、外。障内穿着红衣的妇女，象征高贵与华丽，在拿着雉尾扇的宫女陪侍下，徐徐地往楼台的地方前行，宫娥彩女们在甬道上列队，排成长长的两行。

因为，画中宫女各执法器，簇拥着一贵妇人，前有用以礼仪祭祀的生羊，后从乐队，好像要前往登上画幅左上角的高台，所以被认为是登上穿针楼面银河而乞巧的七夕故事。

障外则停放牛马车乘帏幔，等待在宫殿庭园内参与活动的主人。人物虽细小，但姿态生动传神，画面绮丽与浪漫，充满南宋宫廷中诗情画意的真实情境。

年画和剪纸刺绣中的七夕色彩

在南北各地的年画中，牛郎和织女都是一个热门的题材，而且各有特色。其中，年画中经常出现牛郎抢仙衣与织女成亲和鹊桥相会的画面，很受欢迎。

■ 牛郎织女鹊桥会

在保留下来的年画中，以苏州桃花坞刻印的牛郎和织女鹊桥会年代最久，此画表现牛郎牵着牛，在云端与织女相聚，运用了铜版画排线表现明暗技巧，是清代乾隆年间作品。

以精致细腻著称的天津杨柳青年画中，《天河配》历年都有新花样出现，其中有一幅以整开大幅表现双星鹊桥团聚，背景上云海茫茫，织女凌空而下，牛郎牵牛携带儿女，鹊鸟在银河上飞舞。

山东省潍坊市杨家埠的年画《七月七》，特别刻画了牛郎带着儿女们与织女见面时的喜悦。这幅画的人物形象生动突出，鲜艳强烈的色彩把画面烘染成一片喜色。

山东省高密年画《天河配》由四幅图画组成，由右至左一为牛郎还天衣给织女，二为织女穿天衣飞奔而去，牛郎领儿女直追上天。三为王母划银河隔开牛郎和织女于河之两岸，四为每年七夕，织女穿华衣与

■ 七月七鹊桥会图

牛郎相会。画的两端分别画荷花一瓶和瓶花喜鹊。形同山东民间剪纸，色调明丽，有极强的装饰味道，是老百姓过节装饰窗顶用的。

河南省朱仙镇年画《鹊桥会》，色调浑厚沉着，人物形象质朴，构图饱满，蕴含着古老的文化底蕴。

后来，上海胶版彩印的月份牌年画流行一时，著名画家杭稚英的《牛郎和织女》自问世以来，一直受到人们的喜爱。

杨柳青有一幅《七月七夕乞巧图》，将乞巧风俗和牛郎织女故事绘于一图，上端天空中有牛郎和织女喜结

天河配图

良缘和鹊桥会的画面，下端则细致地表现了成群妇女们以碗盛水投针视影乞巧的生动场面，为古老的风俗留下了形象的资料，非常珍贵。

河北省武强年画和山东省潍县杨家埠年画，以浓郁的乡土色彩著称，《天河配》年画的样式也最多，最值得重视的是有多种连环画形式的年画。

有的数张为一套，武强年画的天河配组画分别画出织女下凡、牛郎之兄离家讨账、其嫂设毒计、吵架分家、天河抢仙衣、拜堂成亲、耕织度日及王母划天河的8个情节。此外，还有四扇屏表现抢衣、拜

堂、划河、鹊桥的主要情节，画面较大，人物刻画也比较细致。

山东省杨家埠年画，有以吵架分家、天河抢衣成亲、王母划河及七月七鹊桥相会4个画面组成一套的作品。山西省木版年画还做成四小幅窗画《天河配录》，艺术上也别有意趣。

在民间剪纸和刺绣中，也有表现天河配的作品。河北省蔚县彩色剪纸塑造了故事中的多个人物角色，在天河抢衣中表现了碧莲池中织女和同伴沐浴的场景，色调柔美，富于装饰性。

河北省供刺绣用的枕头花样剪纸，表现了天河抢衣成亲和鹊桥相会的情节，玲珑剔透，显示出民间工匠的精湛技艺和巧思。

剪纸不仅是民间文化的体现，更是民俗文化的主要载体。陕西省乾县剪纸在民俗生活表现形式上，显露出新鲜、生动、活泼的特点。

乾县城乡颇为流行"乞巧"活动，妇女们为了乞巧，常常聚会在一起剪花样，赛智慧，通过剪纸活动看谁心灵手巧，这时的剪纸大多是讴歌爱情的戏曲剪纸。此外，在建筑园林中的彩画、砖石雕刻，民间面塑和泥塑工艺中，也常表现天河配的内容。

阅读链接

仇英的《乞巧图卷》，也是我国关于牛郎织女故事中的上乘之作。此卷用白描法写出七夕夜间庭院中妇女们燃烛斋供的情景。

在图中可以看到贵妇成群，或立或坐，或相互交谈，或成群结队，或轻盈漫步，或仰穿针线，动态多姿。众侍女忙于上灯、烧水、执壶、捧盘、抬桌。

画卷结尾到向天斋供为止，类似连续画，反映了七夕乞巧的风俗情景及过程。庭院内以翠竹、假山、松、梧等为布景。七夕聚会，沉浸在秋凉夜静的气氛中。妇女发丝，着墨细匀，衣褶线条流畅，饰纹刻画细致，佩环飘动，得"吴带当风"之姿，异常优美。